챗GPT
독학 영어 혁명

챗GPT 독학 영어 혁명

지은이 **의학노트쌤**
펴낸이 **임상진**
펴낸곳 **(주)넥서스**

초판 1쇄 발행 2023년 7월 10일
초판 2쇄 발행 2023년 7월 15일
2판 1쇄 발행 2025년 1월 7일
2판 2쇄 발행 2025년 1월 13일

출판신고 1992년 4월 3일 제311-2002-2호
10880 경기도 파주시 지목로 5
Tel (02)330-5500 Fax (02)330-5555

ISBN 979-11-6683-951-1 13740

출판사의 허락 없이 내용의 일부를
인용하거나 발췌하는 것을 금합니다.

가격은 뒤표지에 있습니다.
잘못 만들어진 책은 구입처에서 바꾸어 드립니다.

www.nexusbook.com

새로운 세대의 **신개념 영어 공부법**

챗GPT
독학  영어
혁명

의학노트쌤 지음

넥서스

프롤로그

안녕하세요, 네이버 어학과 의학 더블 인플루언서(@영어뉴스미드 & @의학노트) 의학노트쌤입니다. 이렇게 챗GPT를 활용해서 영어 학습을 할 수 있는 책을 통해 새로운 공간에서 독자 분들과 만나게 되어 정말 반갑습니다.

저는 현직 의사이고, 의학 박사이며, 2022년 7월~8월에 국내 통번역 자격증 1급(ITT, 통역/번역 각각 1급)을 취득한 영어를 매우 좋아하는 사람 중 한 명입니다. 제가 통번역 자격증을 딸 때만 해도 챗GPT나 빙챗Bingchat과 같은 AI 도구를 활용한 영어 공부는 상상도 못했습니다. 현재 세상은 이런 AI의 발전으로 인해 그동안 경험해 보지 못한 세계가 펼쳐지며 영어 공부를 쉽고 편하게 할 수 있는 환경으로 빠르게 변화하고 있습니다. 저는 챗GPT가 국내에 처음 소개된 이후 다양한 테스트를 해 왔고, 블로그에 챗GPT와 파파고, 구글의 번역 성능에 대한 테스트를 여러 번 올리면서, 이를 바탕으로 지난 3월에 챗GPT를 활용한 영어 공부법에 대한 전자책을 출시했습니다. 실제로 제가 근무하는 병원에서도 챗GPT 사용법에 대한 강의를 진행하기도 했고 지금도 이와 관련된 많은 질문을 받고 있습니다.

많은 분들이 챗GPT의 유용함은 알고 있지만, 실제 이것을 어떻게 활용해야 하는지 잘 모르고, 챗GPT뿐만이 아니라 다른 효과적인 AI 관련 영어 도구들을 통합해서 사용하는 방법에 대해 알고 싶어 합니다. 저 또한 이런 다양한 AI 관련 도구들을 통해 영어 공부의 시간을 대폭 줄이면서 더 효율적으로 학습할 수 있다고 생각하기 때문에 그동안의 노하우를 토대로 영어 학습법을 공유하고 싶었습니다. 본 책에서는 챗GPT뿐만이 아니라 여러 크롬 확장 프로그램 및 도구들을 통합해서 영어 학습에 활용하는 법에 대해 자세하게 알려 드리려고 합니다. 먼저 이 책을 읽기 전에 다음 사항을 확인해 주세요.

- 챗GPT는 '크롬 브라우저'에서 이용하는 것을 권장합니다.
- 챗GPT에서 똑같은 명령어를 다시 입력하더라도 답변의 내용뿐만 아니라 형식도 달라질 수 있습니다.
- 크롬 확장 프로그램은 매우 유용하니 꼭 설치해 볼 것을 추천합니다. 설치한 이후 필요가 없다면 언제든지 삭제 및 확장 프로그램 관리로 들어가서 on/off가 가능합니다.
- 챗GPT 포함 여러 AI 도구들의 정보를 완전히 신뢰할 수는 없습니다. 사실 관계를 요구하는 문제들은 구글이나 네이버 등에서 추가로 검색

- 을 해 보거나, 다양한 도구를 활용해서 교차로 확인해 보는 것을 추천합니다.
- 책에서 소개하는 여러 AI 관련 도구들은 글을 쓰는 현재 시점(2024년 8월 기준)에 맞춰져 있으며, 향후 변경될 수 있습니다.
- ChatGPT-4o가 2024년 5월 13일에 발표되었습니다. 이 모델은 GPT-4 대비 처리 속도가 2배 향상되었으며, 음성 대화 응답 속도는 거의 사람과 대화하는 수준으로 개선되었습니다.
- ChatGPT-4o는 언어 이해력이 크게 향상되어 더 복잡한 문장과 미묘한 뉘앙스를 이해합니다. 또한 더 많은 언어를 지원하고 번역 기능이 강화되어 다양한 언어로 자연스럽게 대화할 수 있습니다.
- ChatGPT-4o는 문맥을 더 잘 이해하고 기억하는 능력이 강화되어 연속된 대화에서 일관성 있는 답변을 제공합니다. 또한, 사용자의 선호도와 스타일을 학습하여 맞춤형 답변을 제공하는 것이 가능합니다.
- ChatGPT-4o는 더 많은 범위의 주제에 대해 정확한 정보를 제공하며, 최신 정보와 데이터를 기반으로 더 유익한 답변을 제공합니다.

이 책을 집필한 목적 중 하나는 제가 그동안 챗GPT를 이용하면서 저의 소중한 시간을 많이 아낄 수 있었기 때문에 이런 유용한 정보를 더욱 널리 공유하고 싶어서였습니다. 지금 이 순간에도 AI는 학습을 통해서 계속 업데이트되기 때문에 앞으로의 세상은 더욱 빠르게 변할 것입니다. 인공지능의 시대가 당장 우리 앞에 도래했기 때문에 이런 흐름에 발맞춰 이를 잘 활용해서 영어 공부하는 데 있어서 큰 도움이 되었으면 합니다.

의학노트쌤

차례

프롤로그　　　　　　　　　　　　　　　　004

PART 1
챗GPT 스마트하게 활용하는 방법

　❶ 챗GPT 초기 세팅 방법　　　　　　　　　　013
　❷ 챗GPT 음성 대화 및 오디오 자동재생 방법　　022
　❸ 챗GPT 크롬 확장 프로그램　　　　　　　　031

PART 2
영어 독학에 필요한 다양한 AI

　❶ 번역기 & 문법 검사기, 패러프레이징 도구　　063
　❷ 인공지능 판별법　　　　　　　　　　　　　076
　❸ 챗GPT 정확도와 오류　　　　　　　　　　　081

PART 3
빙챗 영어 공부 활용법

　❶ 빙챗으로 영어 대화하기　　　　　　　　　087
　❷ 빙챗 가입 및 사용법　　　　　　　　　　　089
　❸ 모바일에서 빙챗 사용법　　　　　　　　　093
　❹ 챗GPT와 빙챗의 차이점　　　　　　　　　096

PART 4
모바일에서 챗GPT 사용법

1. 모바일에서 챗GPT 사용하기 … 103
2. 카카오톡으로 영어 공부하기 … 114

PART 5
챗GPT를 활용한 심화 학습

1. 챗GPT에게 문법 교정받기 … 125
2. AI로 미드 & 영화 대본 활용하기 … 134
3. 넷플릭스 대본 활용법 … 144
4. 영화 대본 PDF를 AI와 공부하는 방법 … 149
5. 영어 뉴스 구독하기 … 154
6. 원어민에게 질문하기 … 164
7. 영어 원서와 뉴스 오디오로 듣기 … 172
8. 챗GPT로 영어 원서 읽기 … 177
9. AI에게 음성으로 영어 일기 쓰기 … 183
10. 챗GPT로 영어 프레젠테이션 준비 … 188
11. 챗GPT로 영어 이메일 보내기 … 200
12. 챗GPT로 영어 면접 대비 … 206
13. 챗GPT 4o로 실시간 영어 공부하기 … 217
14. 구글 킵 & 구글 독스 활용법 … 220

PART 6
기타 AI 도구 활용법

1. 다글로 활용법: 음성을 텍스트로 변환하기   229
2. 텍스트를 활용해 영상 만들기   235

PART 7
챗GPT 영어 명령어

1. 챗GPT 영어 명령어 기본 팁   241
2. 영어회화 명령어   245
3. 영어 대본 명령어   248
4. 영작 명령어   249
5. Act as로 만드는 명령문   252
6. 실제적인 명령어   255
7. 영어 문법 학습용 명령어   257
8. 영어 단어 학습용 명령어   259
9. 토플/아이엘츠 명령어   261
10. 왕초보 영어: 기초 영문법 용어 정리   264

에필로그   268

Part 1

챗GPT
스마트하게
활용하는 방법

*** 본 도서는 챗GPT-4o가 2024년 12월 기준 최신 내용을 업데이트한 상태입니다. 이미지 및 모듈, 화면은 해당 사이트에서 수시로 변경될 수 있으므로, 책을 구입하셨을 때 보이는 화면과 다를 수 있음을 양해 부탁드립니다.

챗GPT 초기
세팅 방법

    Chat GPT(챗GPT)의 '챗(chat)'은 본 모델이 인간처럼 대화할 수 있는 능력이 있다는 것을 뜻합니다. 챗GPT는 그 활용 범위가 무궁무진한데, 입력 받은 내용(프롬프트)을 기반으로 문장 생성, 영어 대화, 글쓰기, 어휘, 문법, 독해, 회화 등 다양한 영어 학습 분야에서도 활용이 가능합니다. 쉽게 말해서 인공지능과 영어로 대화하는 것이 가능한 시대가 도래한 것입니다. 이번 파트에서는 이 챗GPT의 가입 방법부터 시작해서 가장 기초적인 내용을 말씀드리겠습니다.

    챗GPT를 이용하기 위해서는 우선 가입부터 해야 합니다. 저는 크롬에서 구글 계정으로 쉽게 등록했는데, Microsoft 계정 등 다양한 방법으로 등록할 수 있습니다. 가입 방법은 간단해서 누구나 쉽게 무료로 가입할 수 있으며, 가입한 계정으로 모바일에서도 이용 가능합니다.

1단계

챗GPT 공식 사이트에 접속해서 등록을 시작합니다. 구글에서 ChatGPT라고 검색했을 때 맨 위에 나오는 'Introducing ChatGPT'를 클릭하고 접속합니다.

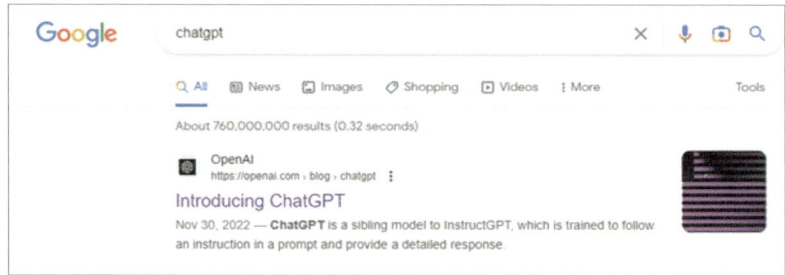

그러면 아래와 같은 화면이 나옵니다.

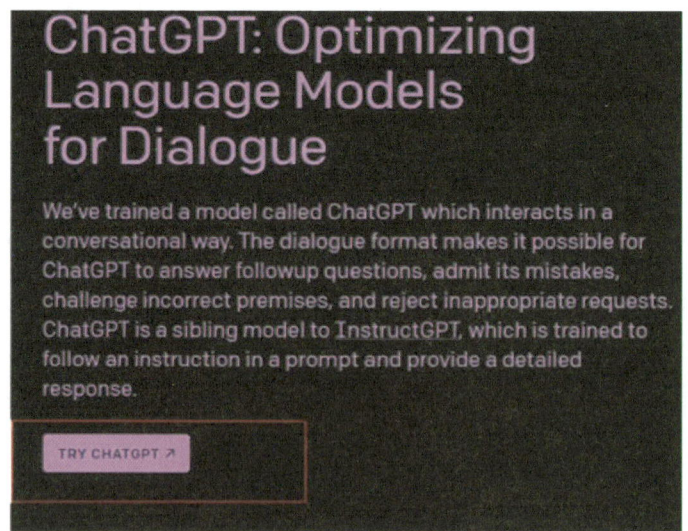

이 화면에서 'Try ChatGPT'를 클릭한 후, 안내에 따라 이메일 주소를 입력하여 계속 진행하면 됩니다. 저는 Gmail로 '계속하기'를 눌러서 등록했습니다.

2단계

인증 코드를 받을 휴대폰 번호를 입력하고, 본인 휴대폰으로 전달된 코드를 그대로 입력창에 기입하면 인증이 완료됩니다. 이제 로그인을 하면 무료로 챗GPT를 사용할 수 있습니다. 챗GPT는 항상 로그인 상태에서만 이용이 가능합니다.

가장 핵심이 되는 명령어를 입력하는 곳은 사이트 하단에 있습니다. 'Send a message'라고 되어 있는 부분을 클릭해서 어떤 질문이든 자유롭게 입력하면 됩니다. 그럼 입력 칸에 영문, 혹은 한글로 질문을 입력해 볼까요?

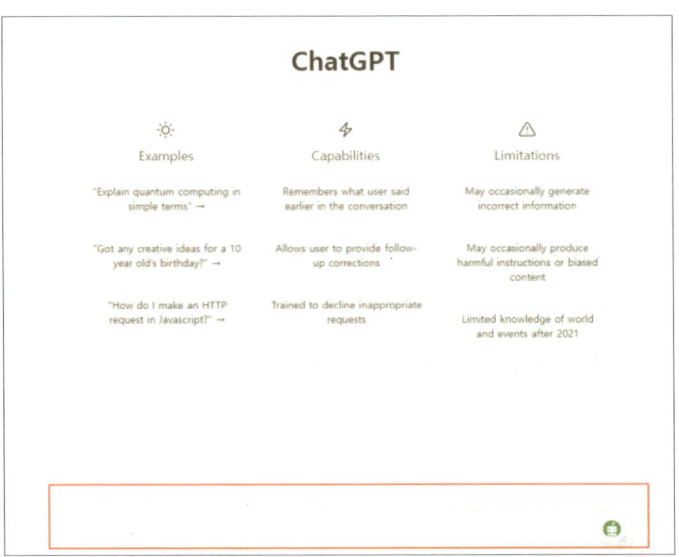

1. 위의 표시한 부분에 질문을 입력하고 엔터를 치면 챗봇 AI가 타이핑을 하면서 대답을 합니다. "Hello."와 같은 인사 없이 바로 질문을 해도 됩니다.
    ❶ 줄을 바꾸고 싶을 때는 shift와 enter를 동시에 누르면 됩니다.
    ❷ 도중에 답변이 너무 길어서 끊기면, "Keep going" 혹은 "계속해", "Continue" 등을 입력하면 끊긴 부분부터 다시 AI가 답변합니다.

2. 챗GPT의 이용자가 너무 몰리거나, AI가 질문 내용을 제대로 파악하지 못해서 제대로 답변을 안 할 수도 있습니다. 그러면 일단 왼쪽 대화목록에서 +New chat을 클릭해서 다시 대화를 시도해 보면 됩니다.

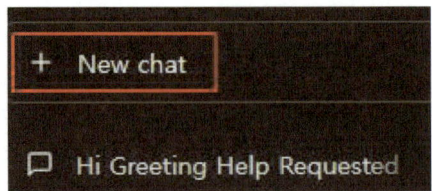

또한 "Too many requests in 24 hours. Try again later."라는 메시지가 뜨면서 대화가 중단되는 경우가 발생할 수도 있습니다. 저는 현재 챗GPT 유료 계정(플러스 계정)으로 사용하고 있는데 유료 계정은 속도가 빠르고 상시 접속이 가능하지만 영어 공부할 때는 챗GPT를 참고 자료로만 사용할 것이므로 무료 버전으로도 충분합니다.

참고로, 유료 플러스 계정에서는 세 가지 모드를 사용할 수 있습니다. 챗GPT-4o mini는 MMLU(대규모 다중작업 언어이해) 테스트에서 82%의 점수를 기록하여 유사한 기능을 제공하지만, 가장 최신 모델인 챗GPT-4o는 88.7%의 점수를 기록했습니다. GPT-4o 완전 모델은 모듈화된 방식으로 텍스트, 이미지, 오디오 등 다양한 형식의 데이터를 처리할 수 있습니다.

Q1. 메시지가 너무 길다고 하면 어떻게 하나요?

 The message you submitted was too long, please reload the conversation and submit something shorter.

이전에 입력한 메시지의 오른쪽 수정 버튼을 눌러서 글 길이를 줄인 후에 다시 시도하면 됩니다. 이는 메시지가 챗GPT의 최적 성능을 보장하기 위해 시스템 개발자가 설정해 둔 최대 길이 제한을 초과했다는 표시인데, 이전 메시지의 텍스트 길이를 줄이면 다음과 같이 "save & submit" 버튼이 나타납니다. 이전에 보낸 메시지를 줄인 후에 다시 시도해 보세요.

Save & Submit

Q2. 구글 계정이 없는 경우에는 어떻게 해야 하나요?

챗GPT는 마이크로소프트 계정으로도 가입할 수 있지만 여러 확장 프로그램을 설치하거나 유튜브에서 새로운 동영상을 찾고 저장하려면 구글 계정을 만들어서 가입하는 것이 좋습니다. Gmail은 여러 개 생성이 가능하니 아이디나 비밀번호를 잊어버려도 다시 생성할 수 있습니다.

구글 계정을 만들 때 몇 가지 개인 정보가 요청되는데, Gmail 이외의 이메일 주소를 사용할 수 있습니다. 구글 계정은 다음 순서로 쉽게 가입할 수 있습니다.

❶ 계정 만들기를 클릭한 후, 이름을 입력합니다.
❷ '사용자 이름' 입력란에 이름과 비밀번호를 입력합니다.
❸ Gmail은 기존 네이버 메일로도 가입할 수 있습니다.

Q3. 크롬은 어떻게 설치하나요?

챗GPT 및 챗GPT 확장 프로그램은 크롬(Chrome)을 컴퓨터에 설치하면 좀 더 편리하게 작업할 수 있습니다. 크롬이 컴퓨터에 설치되어 있지 않다면 네이버나 구글에서 Chrome으로 검색해서 먼저 설치해 주세요. 무지개 색의 크롬 아이콘이 컴퓨터에 보이도록 설치하면 됩니다.

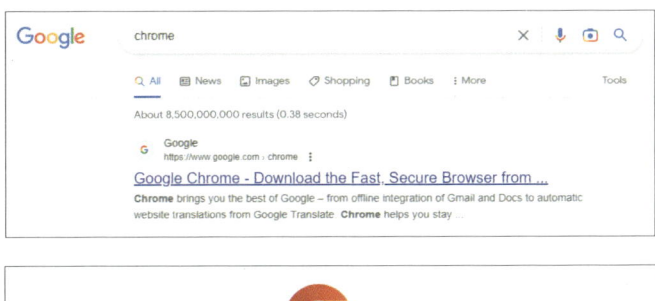

크롬을 설치한 후에 챗GPT 확장 프로그램들을 하나씩 설치해 볼까요? 챗GPT와 관련된 유용한 확장 프로그램들은 매우 많습니다. 이 책에서 그중에서도 영어 공부에 도움이 되는 확장 프로그램 위주로 소개해 드리고자 합니다. 크롬 확장 프로그램을 설치하는 것 역시 매우 간단합니다. 구글에서 입력창에 '영문 크롬 확장 프로그램명 + chrome extension'으로 검색하면 빠르게 찾을 수 있고, chrome 웹스토어에서 검색하면 다음과 같은 화면이 나오게 됩니다.

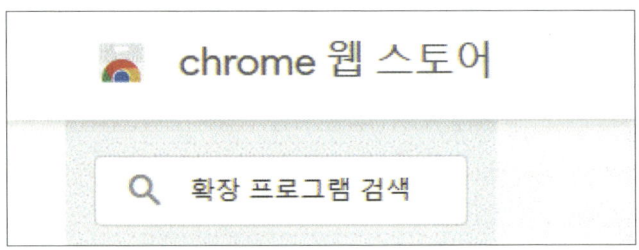

　여기서 'ChatGPT'만 입력창에 넣어서 검색해도 다음과 같이 많은 확장 프로그램들이 나옵니다. 앞으로 확장 프로그램 사용법에 대해서 자세하게 다루겠지만 이 확장 프로그램을 적절하게 사용할 수 있어야 챗GPT를 최적의 상태로 이용할 수 있습니다.

　챗GPT에 관한 크롬 확장 프로그램이 계속해서 출시되고 있기 때문에 여기서 다 소개할 수는 없고 영어 학습에 필요한 확장 프로그램 위주로 소개하려고 합니다.

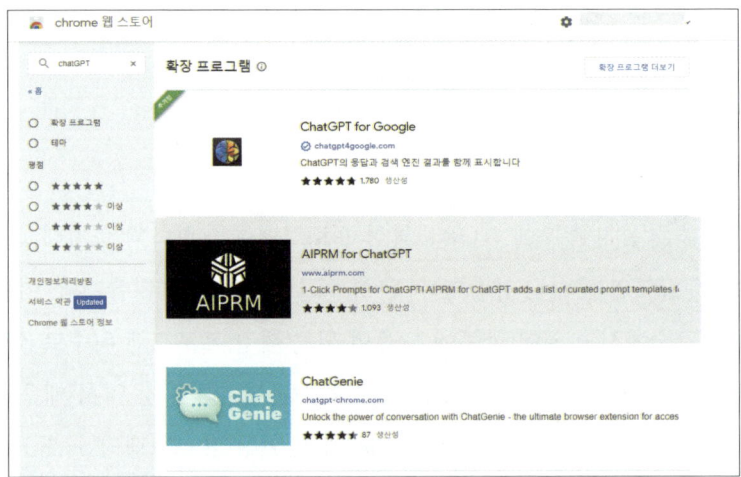

2024년 7월 이후, 인공지능(AI) 개발에서 새로운 트렌드가 등장하고 있습니다. 기존의 대규모 모델에서 벗어나 효율성과 경량화에 초점을 맞춘 'GPT-4o mini'와 같은 저가형 AI 모델이 주목받고 있습니다. 이는 AI 개발 경쟁이 '효율화 및 간소화'로 방향을 전환하고 있음을 시사합니다.

2
챗GPT 음성 대화 및 오디오 자동재생 방법

2024년 기준, 챗GPT는 PC로는 텍스트 기반이라 소리를 통한 대화가 불가능한데, 음성으로 대화가 가능한 'Speak to ChatGPT' 확장 프로그램을 설치하면 실제 사람처럼 대화가 가능합니다.

Speak to ChatGPT
★★★★★ 64 ⓘ | 생산성 | 사용자 30,000+명

크롬에 확장 프로그램을 설치하는 방법은 간단합니다. 크롬에서 'Speak to ChatGPT'라고 검색해서 'Add to chrome' 혹은 '크롬에 추가' 버튼을 클릭합니다.

그러면 다음과 같이 팝업이 뜹니다.

이후 '확장 프로그램 추가' 버튼을 클릭합니다. 그리고 크롬 우측 상단의 검은색 퍼즐 아이콘을 클릭해 주세요.

퍼즐을 클릭하고 나서 목록을 쭉 내리면 방금 추가한 'Speak to ChatGPT'가 목록에 추가된 것을 확인할 수 있습니다. 목록에서 바로 옆에 있는 핀 모양을 클릭하면 이 확장 프로그램을 상단에 고정할 수 있습니다. 그래서 언제든 쉽게 이용할 수 있습니다. 앞으로 말씀드릴 모든 확장 프로그램은 이 순서로 설치하면 됩니다. 삭제 역시 퍼즐로 들어가서 오른쪽 점 세 개 버튼을 클릭한 후 'chrome에서 삭제'를 선택하면 삭제할 수 있습니다.

'Speak to ChatGPT' 확장 프로그램을 설치한 이후 다시 챗GPT에서 새 창을 열면 아래와 같은 마이크 이미지가 화면 오른쪽 하단에 생긴 것을 확인할 수 있습니다. 이를 통해서 챗GPT와 실제 대화를 하는 것처럼 음성으로 명령어를 제시할 수 있습니다.

그리고 하단의 가로로 된 선이 있는데 내가 말하면 빨간색, AI가 말하면 초록색으로 변합니다. 아래의 마이크가 보인다면 음성 인식이 ON인 상태입니다.

챗GPT는 영어와 한글 모두 지원을 하지만 영어로 입력할 경우 좀 더 정확한 답변을 받을 수 있습니다. 그런데 초기 기본 설정은 한국어로 되어 있어서 어색하게 나옵니다. 그래서 언어를 영어로 지정하는 것이 좋습니다. 회색 톱니바퀴를 클릭하면 다음과 같이 언어를 설정할 수 있는 창이 나옵니다.

설정 창에서 위와 같이 AI voice를 미국 영어로 지정할 수 있습니다. 이때 파란색 체크 버튼인 'Automatically send message' 버튼을 해제해도 좋습니다. 이는 내가 말하고 나서 자동으로 메시지를 전달하겠다는 것인데, 이를 활성화하게 되면 할 말이 생각이 안 나서 멈출 경우, 챗GPT로부터 못 알아들었다는 메시지가 나올 수 있기 때문입니다. 추가로 영어로 물어보고 다른 나라 언어로 답변하도록 설정하는 것도 가능합니다. 오디오 설정이 끝나면 하단의 'Save' 버튼을 눌러서 저장합니다.

AI의 말이 너무 길어지는 상황이라면 플레이 버튼을 클릭해서 중단할 수 있습니다. 이때 주의할 점은 음성 대화를 나눌 때 자동 번역기 '프롬프트 지니'를 설치한 상태라면 off 상태로 전환해야 합니다. 프롬프트 지니에 대해서는 앞으로 또 자세히 설명하겠습니다.

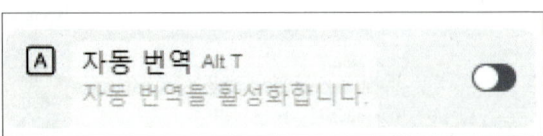

'Speak to ChatGPT'를 잘 활용하면 가상으로 대화하는 영어 스크립트를 만들 수도 있습니다. 예를 들어, 의사와 환자와의 5분짜리 스크립트를 생성하라고 명령어에 '/' 표시를 하면서 작성해 보겠습니다.

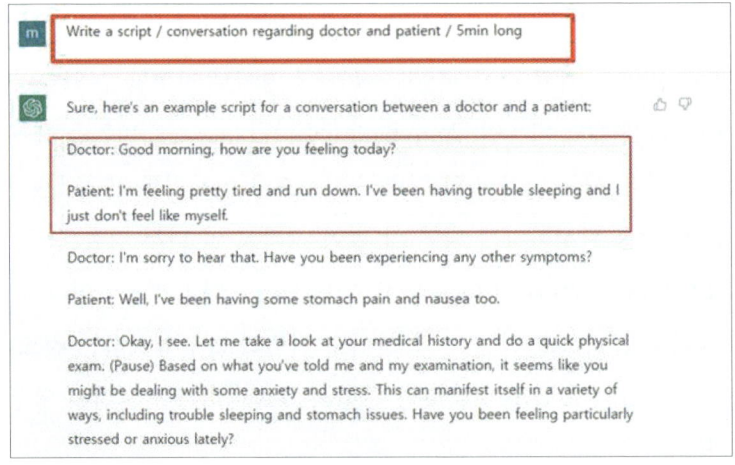

챗GPT가 혼자서 Speak to ChatGPT 안에서 열심히 읽어 주면서 동시에 스크립트를 써 줍니다. 이런 식으로 챗GPT에게 가상의 대화를

요구하면, 챗GPT가 스크립트를 작성하는 동시에 이를 음성으로 자동 재생까지 해 주기에 영어 학습에 활용할 수 있습니다. 원하는 가상의 시나리오를 명령해서 다른 일을 하면서 챗GPT가 생성하는 스크립트를 '백그라운드 재생'처럼 미국 영어를 들을 수 있는 것입니다.

그럼 좀 더 어려운 요청을 해 볼까요? 특정한 상황의 스크립트를 추가로 '/' 표시를 하면서 다음과 같이 명령어를 추가해 보았습니다.

> Write a script / conversation regarding doctor and patient / 10 min long / Doctor (Tom) patient (Ellys) /Her baby is diagnosed with congenital anomaly.

아래의 챗GPT의 답변을 보면 진료실에서 이상이 발견되었고 다른 의사에게 예약했다는 구체적인 내용의 스크립트가 완성되었습니다. 스크립트를 작성한 후에 오디오 재생을 하려면 Speak-to-chatGPT가 스스로 말을 하기 때문에 그대로 플레이 버튼만 클릭하면 됩니다.

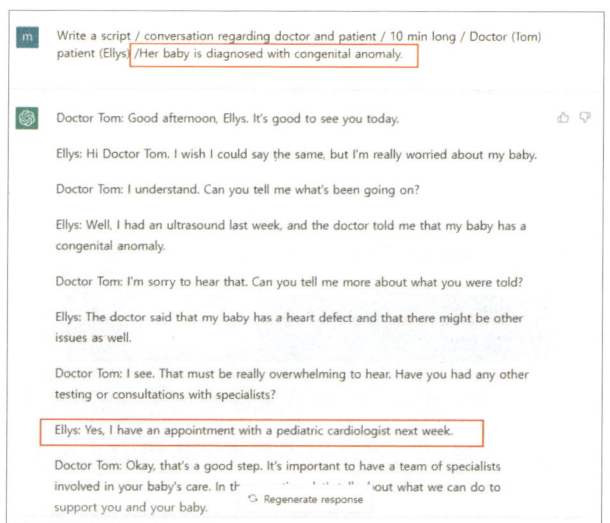

Speak to ChatGPT 관련 자주하는 질문

Q1. Automatically send message 버튼은 무엇인가요?

앞서 설명했지만 이 명령은 내가 말한 즉시 챗GPT가 바로 답변한다는 뜻입니다. 그런데 보통은 영어로 말할 때 막힘없이 줄줄 나오는 게 아니기 때문에 중간에 말이 멈췄을 경우 우리가 하는 말이 끝났다고 생각해서 AI가 자기가 할 말을 미리 해 버린답니다. 그래서 할 말이 떠오를 때까지 시간이 필요한 초중급 사용자까지는 Automatically send message 버튼을 해제한 상태에서 사용하는 것이 좋습니다.

Q2. AI voice and language는 무엇인가요?

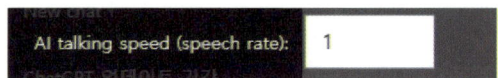

AI의 음성과 국가별 언어를 설정할 수 있습니다. 저는 미국 영어를 원해서 Google US English(en-US)로 설정했는데, 이외에도 다양한 언어를 설정할 수 있습니다.

Q3. AI talking speed는 무엇인가요?

챗GPT가 읽어 주는 속도를 뜻합니다. 속도의 기본 세팅은 1.0입니다. 0.7~1.1까지는 무난한 속도인데 더 느리게 혹은 더 빠르게 설정할 수 있습니다.

Q4. Manual send words는 무엇인가요?

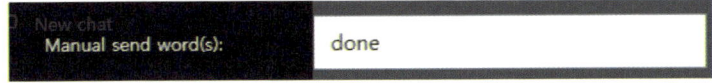

Manual send word(s)는 내가 말이 끝났다는 것을 챗GPT에게 알려 주기 위한 설정입니다. 위의 화면처럼 저는 "done"이라는 말을 하면 챗GPT가 말이 끝났다는 것을 인식하고 자기가 할 말을 하도록 설정을 해 두었습니다. 자유롭게 본인이 원하는 단어로 저장해도 되고, 그냥 말이 끝난 후 특별한 명령어 없이 enter 버튼만 눌러도 챗GPT가 이어서 말을 합니다. 그리고 내가 발화를 함과 동시에 AI가 내 말을 타이핑을 해 주지는 않고, 말이 끝난 후 enter를 누르거나 플레이 버튼을 누르면 그제야 내가 했던 말이 채팅창에 보이게 됩니다.

Q5. Speech recognition language는 무엇인가요?

내가 AI에게 보내서 "AI가 인식"하는 나의 언어를 말하는 것인데 위의 화면처럼 미국식 영어로 말하기를 원하면 English-en-US로 설정하면 됩니다. 그런데 챗GPT에서 나갔다가 재접속을 하면 다시 기본 세팅인 한국어로 설정되기도 해서 다시 영어로 바꿔야 하는 경우도 종종 있습니다.

Q6. 영어로 설정을 제대로 했는데, 말을 못 알아들어요.

음성 인식을 더 높이려면 일반 휴대폰 이어폰을 노트북이나 컴퓨터에 연결하면 됩니다. 만약 마이크가 달린 헤드셋이 있다면 더욱 효과가 좋으니 헤드셋이나 이어폰 둘 중 하나는 준비해서 대화를 해 보세요.

Q7. 음성으로 말하고 챗GPT의 답변은 텍스트로 받고 싶어요.

이런 경우에는 'promptheus'라는 크롬 확장 프로그램을 설치하면 됩니다. 이 확장 프로그램을 설치하면 우측에 보이는 아이콘을 누른 후에, 간단하게 스페이스바를 누른 상태에서 내가 할 말을 음성으로 말하면 바로 입력이 됩니다. 특히 영어 원어민 사이에서 인기가 많으므로 참고로 알아 두면 좋습니다.

Q8. 모바일에서 음성으로 대화할 수 있는 방법이 있나요?

2023년에 챗GPT 아이폰 기준 공식 앱이 출시되었습니다. 챗GPT는 유사 앱이 많기 때문에 앱스토어나 플레이스토어에서 'chatgpt'로 검색 후 아래와 같이 흰색 바탕의 앱을 다운로드하면 됩니다. 가장 많이 다운로드된 앱을 선택하면 됩니다.

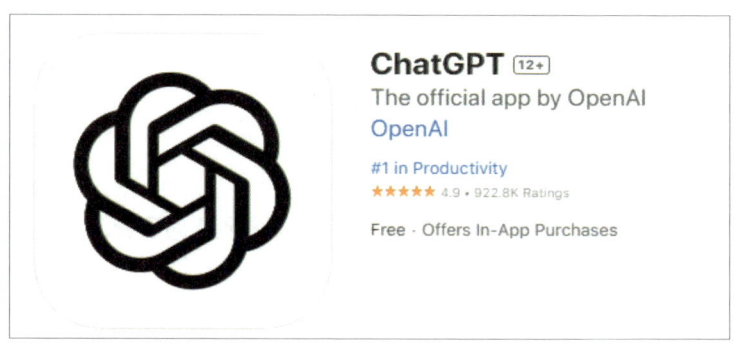

챗GPT
크롬 확장 프로그램

그럼 이제 다른 크롬 확장 프로그램들도 설치해 보겠습니다. 앞서 언급했지만 챗GPT를 제대로 활용하려면 확장 프로그램 설치는 필수입니다. 제가 앞으로 소개해 드리는 확장 프로그램은 많은 사람들이 사용하고 있는 검증된 것입니다. 하지만 개인적인 용도에 따라 필요하지 않을 수도 있으니 선택적으로 활용하면 되겠습니다.

ChatGPT for Google

'ChatGPT for Google'은 챗GPT의 응답과 함께 구글이나 네이버 등의 검색 엔진 결과를 동시에 표시해 줍니다. 다음은 네이버에서 챗

GPT로 검색했을 때 나오는 화면입니다. 화면 오른쪽에 보이는 창이 'ChatGPT for Google'을 설치했을 때 나오는 화면입니다.

설치 방법은 역시 앞에서 설치한 다른 확장 프로그램과 동일하게 'ChatGPT for Google'로 확장 프로그램을 검색한 후, 'add to chrome'을 눌러 설치합니다.

'ChatGPT for Google'을 설치한 후에, 구글이나 네이버에서 검색을 하면 일반적인 검색 결과는 이전처럼 화면 왼쪽에 나오고 화면 오른쪽에는 챗GPT의 답변이 나오게 됩니다.

그런데 네이버에서 사소한 검색만 해도, 챗GPT로 들어가면 검색 이력이 대화 목록에 모두 나오는 것을 볼 수 있습니다. 'ChatGPT for Google'을 설치하면 구글이나 네이버에서 검색했을 때 내린 명령어들이 기존 챗GPT 대화 목록으로 자동으로 나오게 됩니다. 만약 이것이 불편하다면 구글이나 네이버에서 검색할 때는 'ChatGPT for Google'에서 물음표까지 눌러야 검색이 되는 것으로 설정을 변경하면 됩니다.

이 설정은 오른쪽에 보이는 아이콘에서 톱니바퀴 모양을 클릭해서 들어가면 옵션 화면이 다음과 같이 나타나는데, 여기서 간편하게 변경할 수 있습니다.

Options

Trigger Mode

Always
ChatGPT is queried on every search

● **Question Mark**
When your query ends with a question mark (?)

Manually
ChatGPT is queried when you manually click a button

중간에 보이는 Question Mark를 클릭하면 네이버나 구글에서 "___?"라고 뒤에 물음표를 넣어서 검색했을 때만 'ChatGPT for Google'의 응답 결과까지 보이게 설정이 변경됩니다. 그런데 일반적으로 웹에서 검색을 할 때 챗GPT 결과까지 동시에 나오는 기능을 활용하면 매우 유용합니다. 그래서 가능하다면 이 기능을 사용해 보고 웹에서 검색할 때마다 모든 챗GPT의 응답이 보이는 것이 불편하다면 위의 설정을 통해서 변경하면 되겠습니다.

프롬프트 지니: ChatGPT 자동 번역기

'프롬프트 지니'는 챗GPT에 질문을 할 때 이를 영어로 번역해 주고, 영어로 나온 답변을 다시 한글로 번역해 주는 자동 번역기 크롬 확장 프로그램입니다.

가끔 'Prompt Genius'라는 확장 프로그램과 '프롬프트 지니'를 혼동하는 경우가 있는데 이름은 비슷하지만, 'Prompt Genius'는 명령어 템플릿을 저장해 주는 확장 프로그램이고, 프롬프트 지니는 구글 번역기로 답변이 영어로 나왔을 때 자동으로 한글로 번역을 해 주는 '자동 번역기' 확장 프로그램입니다.

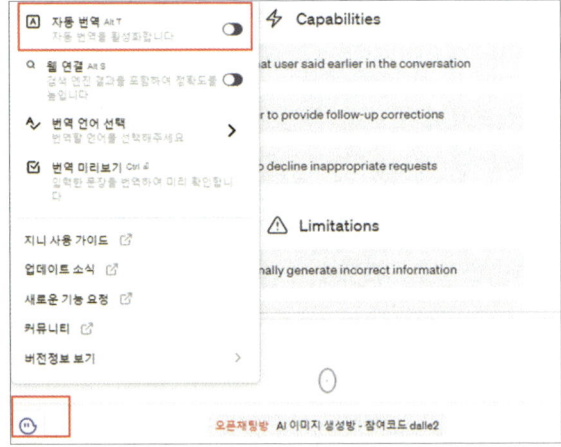

챗GPT는 한글로 명령어를 입력해도 꽤 괜찮은 답변을 주지만 영어로 입력했을 때 더 빠르고, 정확한 답변을 준다고 알려져 있습니다. 그래서 파파고, 구글, 딥엘 등 다양한 번역기를 통해 한글을 영어로 바꿔서 입력하는 경우가 많습니다. 그런데 '프롬프트 지니'를 설치하면 '자동 번역'이 떠서 한글로 번역을 해서 답변을 해 주기 때문에 다른 번역기를 이용할 필요 없이 직관적으로 바로 확인이 가능합니다. 다음 화면처럼 챗GPT 창 안에서 끄거나 켤 수 있고, 웹과 연결해서 최신 정보와 출처를 확인할 수도 있습니다.

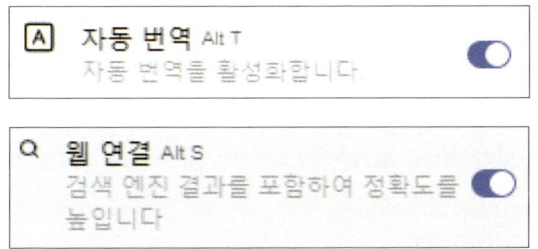

챗GPT에 한글로 질문하면 대답이 느리고, 짧고, 앞서 대화한 내용을 더 빨리 잊어버리는데 번역기인 '프롬프트 지니'를 설치하면 2~3배 빠른 응답, 2~5배 긴 문자 수 출력, 출력 중간 잘림 최소화, 3~4배 더 길게 챗GPT가 기억하는 효과가 있다고 합니다. 그러나 저는 영어 학습을 위해서 평소에는 주로 꺼 두고, 필요한 경우에만 활성화해서 사용을 합니다. 저처럼 음성으로 영어 공부를 하거나 유튜브 스크립트 써머리 기능을 사용할 때는 미리 꺼 두는 것을 추천합니다.

YouTube Summary

'유튜브 써머리(YouTube Summary with ChatGPT)'를 활용하면 유튜브 영상 중 유용한 영상의 전체 영어 스크립트를 볼 수 있습니다. 그리고 클릭 한 번으로 챗GPT로 이동해서 요약본도 볼 수 있어서 매우 유용합니다.

확장 프로그램을 설치하면 다음처럼 유튜브 영상에서 영어 스크립트가 나오는 것을 볼 수 있습니다.

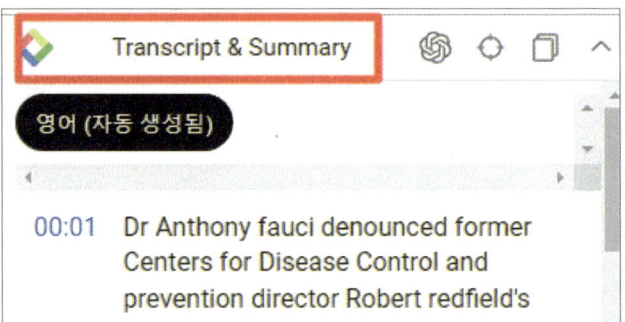

물론 유튜브 AI 자막이기 때문에 간혹 오타가 있지만, 영상을 보지 않아도 유튜브 스크립트를 통해서 내용을 빠르게 파악할 수 있습니다. 그래서 유튜브로 영어 뉴스 영상을 볼 때 스크립트를 바로 볼 수 있고, 요약까지 가능합니다.

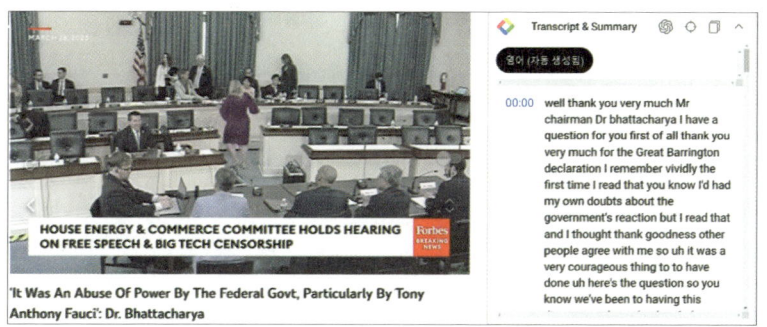

위의 화면처럼 오른쪽 상단에 버튼 3개( )가 있는데, 이 중 왼쪽에 있는 버튼을 누르면 유튜브 창에서 챗GPT 공식 사이트로 자동으로 이동하면서 이 스크립트 내용을 AI가 요약해 줍니다.

가운데 있는 버튼은 유튜브를 보고 있는 현재 시점으로 스크립트를 이동시켜 주는 버튼입니다. 영어 뉴스 스크립트는 매우 길기 때문에 읽다 보면 중간에 흐름을 놓칠 수가 있는데, 내가 영상을 보고 있는 시점으로 이동시켜 주는 버튼입니다. 그리고 오른쪽에 있는 버튼은 유튜브 스크립트 복사 버튼입니다.

'Summarize the following'이라는 메시지가 나온 상태에서 그대로 키보드의 enter를 누르면 유튜브 내용을 바로 요약해서 볼 수 있습니다. 이 상태에서 "한글로 번역해 줘."라는 명령어를 이어서 내리면 한글로 볼 수도 있습니다. 그래서 어려운 영어 뉴스의 스크립트 전문을 한눈에 보고, 이를 요약도 하고, 한글 해석까지 볼 수 있어서 영어 학습에 유용하게 활용할 수 있습니다. 다음은 이 확장 프로그램을 이용해서 영어 뉴스의 스크립트를 요약한 화면입니다.

> **Summarize the following.**
> Title: "(204) 'It Was An Abuse Of Power By The Federal Govt, Particularly By Tony Anthony Fauci': Dr. Bhattacharya - YouTube"
> Transcript: "well thank you very much Mr chairman Dr bhattacharya I have a question for you first of all thank you very much for the Great Barrington declaration I remember vividly the first time I read that you know I'd had my own doubts about the government's reaction but I read that and I thought thank goodness other people agree with me so uh it was a very courageous thing to to have done uh here's the question so you know we've been to having this discussion about the the uh the censorship that you endured as a result of that and particularly at the time the fact that the government agencies multiple government agencies played an active role in suppressing that point of view so here's the question if you ask those agencies at the time why they were pushing back their response would have been well there's a public health interest in doing this right it's like uh you know if you had people advocating for jumping off a cliff and young people were actually joking off cliff you know many government agencies would say you know whoa you can't say that because people are following the advice and it's bad advice and you know the Supreme Court when we're talking about this this First Amendment right that we have in the debate over Free Speech the first the Supreme Court has said you know with a famous example you can't yell fire in a crowded theater so can you talk about why government agencies pushing back on your Declaration was not the equivalent of yelling fire in a crowded theater thank you for that Congress so so a couple of things one is that the Declaration itself represented A Century of pandemic management we were just restating how we manage pandemics in the past respiratory rise pandemics in the past successfully so it wasn't in that sense Fringe at all second and this is this is probably more to the heart heart of your question if Public Health if someone's in public health a standard Professor stands up and says smoking is good for you I'm violating an ethical Norm to accurately reflect what the scientific evidence actually says I'i ↻ Regenerate response doing that if I stand up and say something that is part of a active scientific discussion how best to manage a

이때 이 요약한 화면이 안 나오는 경우도 있습니다. 'Summarize the following'이라는 메시지가 나왔을 때 아무 것도 누르지 말고 바로 enter를 클릭하면 답변이 나옵니다. 다른 버튼을 누르거나 커서를 이동하면 화면이 보이지 않습니다. 저도 초기에 'Summarize the following' 뒤에 커서를 대거나 다른 명령어를 추가한 적이 있는데, 그렇게 했더니 아무 결과도 얻을 수가 없었습니다.

ChatGPT Sider

이번에는 'ChatGPT Sider'를 소개하겠습니다. 정말 유용하고 간편해서 개인적으로 가장 많이 쓰는 확장 프로그램 중 하나입니다.

'ChatGPT Sider'는 말 그대로 현재 접속해 있는 사이트에서 챗GPT로 검색을 하고 싶을 때 사이트를 이동하지 않고 바로 옆의 사이드바를 이용해서 검색할 수 있게 해 주는 확장 프로그램입니다. 아래는 제가 접속해 있는 사이트에서 사이드바를 띄워서 작업을 하고 있는 화면입니다. 어떤 업무를 하든지 별도로 새 창을 띄워서 이동할 필요 없이 바로 질문을 할 수 있어서 정말 간편합니다.

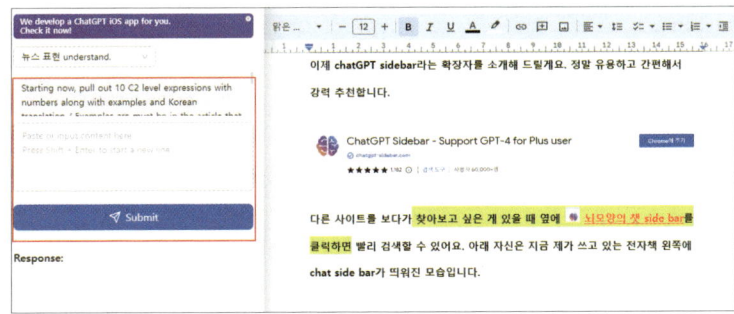

그럼 지금부터 'ChatGPT Sider' 확장 프로그램을 설치했다는 가정 하에 사용법을 알려 드리겠습니다. 처음 확장 프로그램을 설치하고 나

서 사이드바를 눌렀을 때 다음과 같은 한글 명령어들이 프롬프트 템플릿 목록에 표시되는 것을 볼 수 있습니다.

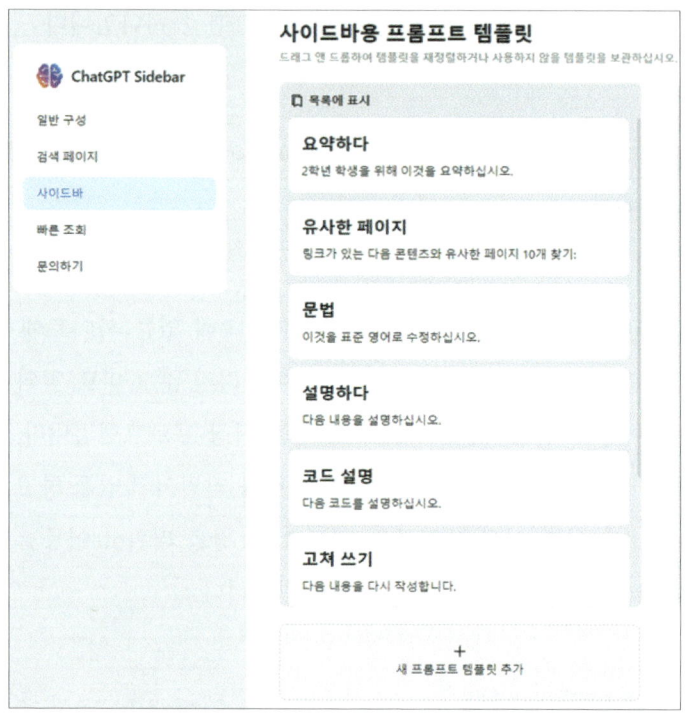

한글을 혼용해서 질문을 해도 되지만 영어로 설정하는 것이 좋습니다. 영어로 설정하려면 확장 프로그램을 설치하고 나서, 뇌 모양의 sider를 클릭한 후, 설정(톱니바퀴 모양)을 눌러 일반(general)으로 가서 영어로 변경합니다.

설치하면 현재 보고 있는 웹사이트의 옆에 뇌 모양의 작은 아이콘이 보이기 시작하는데 이것을 클릭하면 사이드바가 실행됩니다. 이때 챗GPT 창으로 넘어가지 않고 그대로 질문을 입력하면 되고, 영어로 설정을 했더라도 한국어로 질문해도 됩니다.

이 확장 프로그램을 설치하면 아래처럼 어떤 표현의 뜻, 문법, 번역까지 클릭 한 번에 해결을 해 줍니다. 예를 들어, 웹에서 궁금한 영어 표현이 나왔을 때 사전을 찾아 가지 않고 바로 검색해서 뜻을 확인할 수 있습니다. 아래 화면은 ChatGPT Sider를 클릭하고 나서 Translate를 눌러 영어 표현을 한국어로 바꾼 것입니다.

Q&A를 누르면 알아서 예상 질문을 뽑아 주기도 하고, Grammar를 누르면 문법에 맞는 다른 표현을 찾아 주기도 하며, Explain을 클릭하면 뜻을 설명해 줍니다. 이처럼 클릭 한 번에 간단하게 명령어를 입력할 수 있습니다.

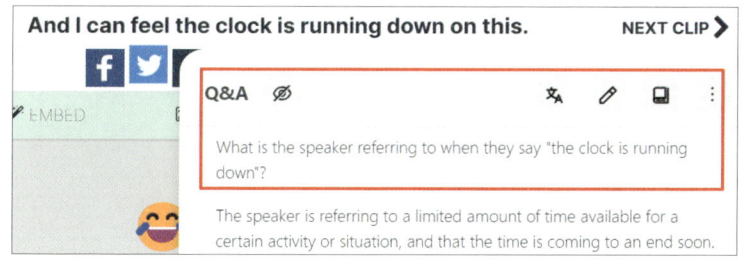

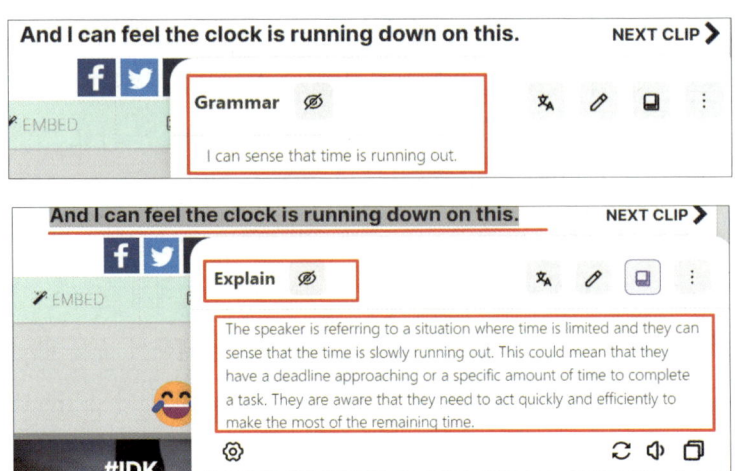

설정으로 들어가면 본인이 프롬프트를 직접 만들어서 추가할 수도 있습니다. 일일이 'rewrite' 등의 명령어를 타이핑할 필요가 없습니다. 또한 ChatGPT Sider 오른쪽 위의 PDF 모양 버튼을 클릭하면 PDF 문서를 읽고, 저장하면서 챗봇과 이에 대한 질문 및 분석도 가능합니다. 아래와 같이 ChatPDF 화면에 원서를 드래그해서 넣어 보겠습니다.

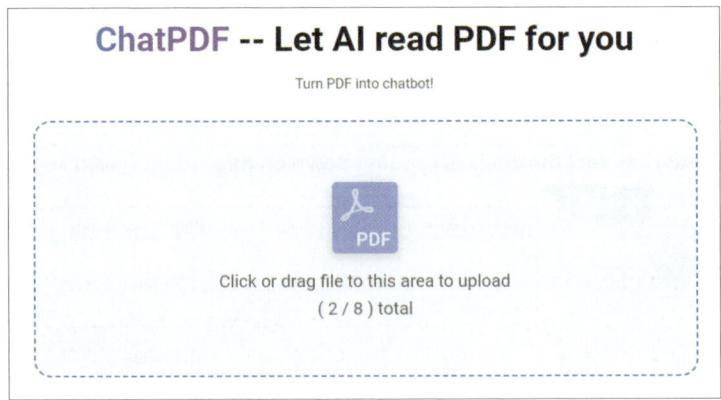

영어 원서가 화면 왼쪽에 뜨는 것을 볼 수 있습니다. 원서를 읽다가 파란색 부분을 복사해서 'Explain: 궁금한 문장'과 같이 뜻을 설명해 달라고 오른쪽 화면에 붙였더니 아래와 같이 PDF를 읽고, 문맥을 설명해 줍니다.

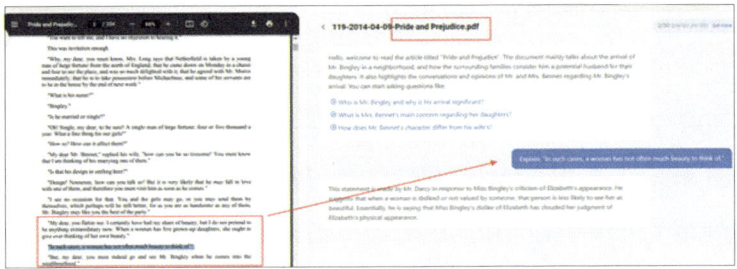

단, ChatGPT Sider를 통해서 넘어가는 ChatPDF 기능은 최대 10개 파일까지만 무료 버전에서 사용이 가능합니다. 좀 더 많이 사용할 수 있는 사이트는 앞으로 다시 설명드리겠습니다. 또한 전체 페이지 채팅이 가능한 보라색 버튼(📄)을 누르면 공식 챗GPT 및 클로드(Claude), 제미나이(Gemini), 리아마 3(Liama3)로도 연결됩니다. ChatGPT Sider 확장 프로그램 하나로 수많은 기능을 한꺼번에 사용할 수 있습니다.

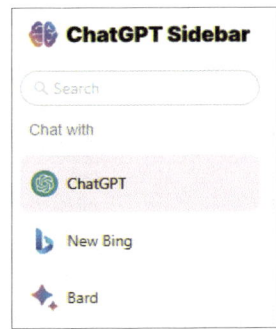

Sider의 대화 내용을 화면에서 안 보이게 하려면 사이드바 우측 상단의 '사이드바 접기' 버튼을 클릭해서 종료할 수 있습니다. 그리고 사이드바를 웹사이트 말고 챗GPT 안에서도 사용할 수 있습니다. Sider에서 내린 명령어들은 기존 OpenAI의 챗GPT 대화 목록으로 불러지지는 않고 별개로 봐야 합니다.

여기서 주의해야 하는 것은 구글 등 포털 사이트에서 검색어를 입력할 때마다 오른쪽에 Sider를 통한 검색 결과가 나와서 질문하기 좋긴 하지만 무료 사용 횟수 제한이 있습니다. Sider는 하루에 30회까지 무료로 사용할 수 있습니다. 그래서 저는 명령어 뒤에 물음표(?)를 추가해야 웹사이트에서 검색할 때 답변이 로딩되는 것으로 설정을 변경했습니다.

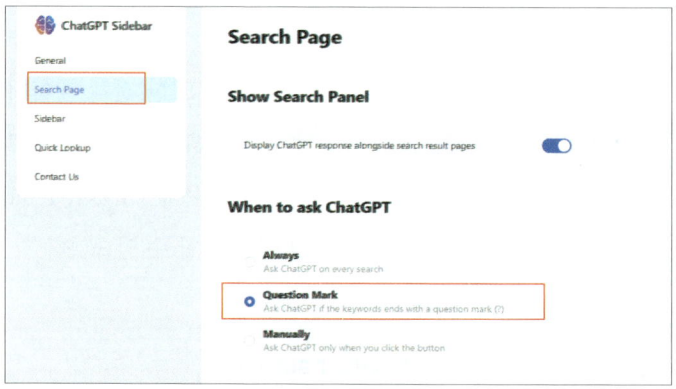

이렇게 설정을 변경하면 일반적인 검색을 할 때는 Sider 무료 사용 횟수에 해당되지 않기에 무료 사용 크레딧을 아낄 수 있습니다. 모든 검색마다 Sider 검색이 되게 설정을 하면, 무료 횟수인 30회는 금방 소진하게 됩니다.

설정 변경은 위에 보이는 것처럼 톱니바퀴 모양을 누른 후, 왼쪽의 'Search Page'를 클릭하고, 'Question Mark'를 선택하면 물음표를 눌러야 웹에서 일반 검색 시에 결과가 불러지는 것으로 설정 변경이 됩니다.

Sider가 유용하긴 하지만 이 기능은 꼭 필요한 경우에만 활용한다면 위와 같은 방법으로 무료 사용 크레딧을 아낄 수가 있습니다. 물론 사이드바를 자주 사용하지 않는다면 기본 설정 그대로 설정해도 괜찮습니다.

넷플릭스로 영화나 미드를 보면서도 ChatGPT Sider를 활용할 수 있습니다. 다음과 같이 사이드바가 화면 옆에 뜨는데 영화 장면에서 궁금한 부분에 대해서 바로 질문하는 용도로 활용할 수 있습니다. 다음은 넷플릭스에서 특정 대사를 Sider에 올리고 'rewrite'라고 입력하자 이에 대해서 다시 작성해 주면서 우리말로도 안내해 주는 화면입니다.

ChatGPT Prompt Genius

챗GPT 안에서 간편하게 나만의 명령어를 불러오는 방법에 대해서 알아보겠습니다. 앞서 잠깐 언급한 'ChatGPT Prompt Genius'라는 크롬 확장 프로그램을 설치하면 됩니다.

처음에 이 확장 프로그램을 설치하면 나만의 명령어를 넣을 수 있는 화면이 챗GPT 안에 생성되는데, 아래와 같이 첫 화면이 변경됩니다.

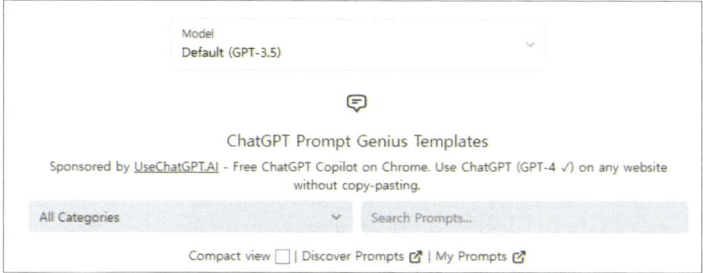

여기서 오른쪽 하단에 보이는 'My prompts'를 누르면 다음과 같이 나만의 명령어를 저장할 수 있는 화면으로 이동합니다.

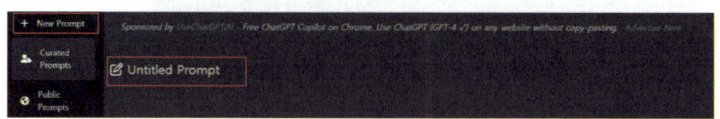

'+New Prompts'를 누르면 자동으로 아직 제목이 설정되지 않은 'Untitled Prompt'가 보입니다. 여기서 제목, 명령어, 내용 순으로 입력하고 저장을 누르면 됩니다. 수정은 연필 모양의 아이콘을 클릭하면 되고, 저장은 디스켓 모양의 아이콘을 클릭하면 됩니다. 처음에는 전부 영어로 되어 있어서 어렵게 느낄 수도 있지만, 확장 프로그램만 설치한 후 직접 해 보면 생각보다 직관적이고 쉽습니다.

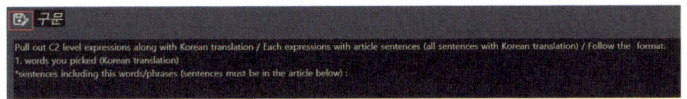

참고로 저는 아래와 같은 명령어를 'ChatGPT Prompt Genius'에 저장한 상태입니다.

> Pull out C2 level expressions along with Korean translation / Each expressions with article sentences (all sentences with Korean translation) / Follow the format:
> 1. words you picked (Korean translation)
> *sentences including this words/phrases (sentences must be in the article below) :

세팅이 끝난 후에 챗GPT로 다시 돌아오면 다음 화면처럼 나만의 명령어가 설정된 것을 확인할 수 있습니다.

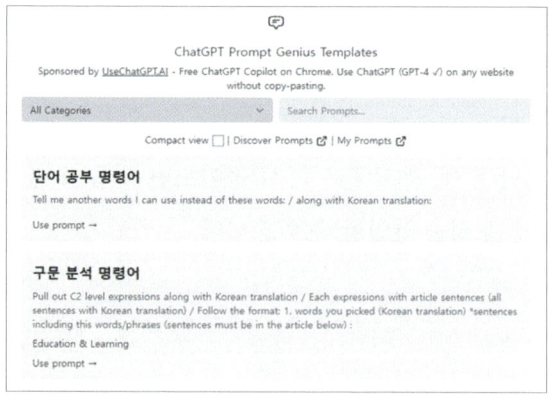

　　이렇게 입력할 영어 명령어가 미리 보이면 정말 편리합니다. 위에 파란색으로 체크된 'Compact View'는 명령어의 제목만 보이게 하는 설정입니다. 이를 해제하면 아래와 같이 전체 명령어까지 보이게 됩니다. 저는 이 박스를 해제한 상태로 명령어 전체가 보이도록 해서 사용할 때가 많은데, 확장 프로그램을 설치한 후에 명령어를 몇 개 입력해서 사용해 보면 편리하게 이용할 수 있습니다.

UseChatGPT (=MaxAI)

'UseChatGPT'라고 알려진 MaxAI 프로그램을 알아 보겠습니다. 글의 톤과 스타일을 바꿔 주는데, 크롬, 엣지, 웨일 등에서 사용할 수 있습니다.

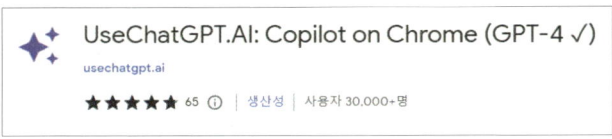

아래와 같이 문장을 드래그하면 자동으로 문장 아래에 팝업이 나타나는데, 내가 원하는 스타일로 글을 자유자재로 바꿀 수 있습니다.

브라우저상에 뜨는 텍스트를 마우스로 드래그해 보겠습니다. 아래는 CNN 뉴스를 드래그한 화면입니다.

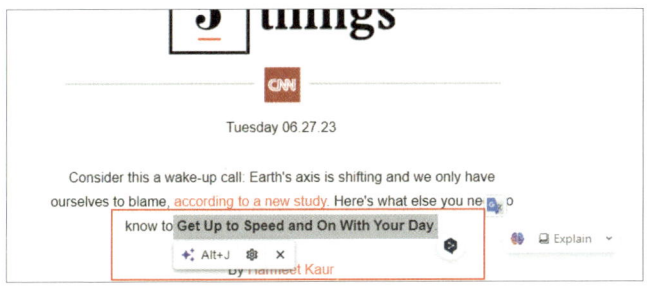

선택하면 'UseChatGPT'라는 메뉴가 뜨게 되는데 이것을 클릭하면 다음과 같은 화면이 나옵니다.

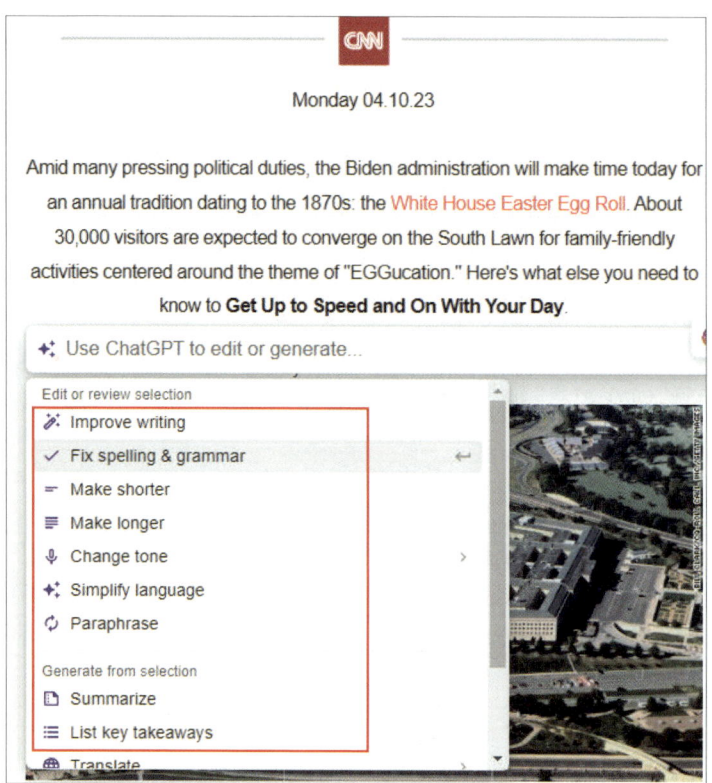

클릭했더니, 노션 AI와 비슷한 여러 옵션들이 있습니다. 가장 위쪽부터 좀 더 개선된 문장 쓰기, 맞춤법 교정, 축약하기, 내용 늘리기, 톤 변화, 언어 단순화, 패러프레이즈 등 다양한 기능을 제공하고 있는 것을 볼 수 있습니다. 또한 현재 선택된 영역의 내용을 요약하거나 번역, 설명 등 챗GPT를 좀 더 다양하게, 적극적으로 활용할 수 있도록 도와줍니다.

그러면 List Key takeaways(핵심 내용을 나열해 줘)를 클릭해 보겠습니다.

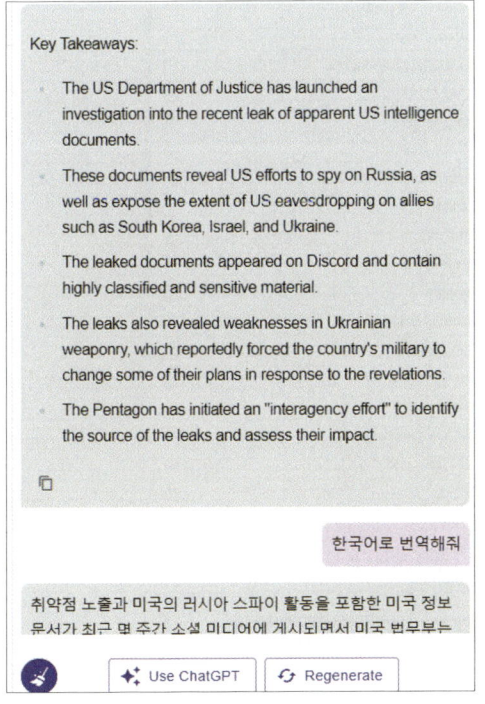

기사 내용을 잘 요약한 것을 볼 수 있습니다. 이어서 한국어로 번역해 달라고 입력하면 한국어도 매끄럽게 잘 나옵니다. 원하는 동작을 선택하면 웹브라우저 우측에 사이드바가 생성되는데 명령어들이 나오면서 답변을 시작하게 됩니다. 이때 웹브라우저를 켜고 처음 실행하는 경우에는 로그인 절차를 거쳐야 합니다.

그럼 UseChatGPT의 사이드바에 대해서 알아보겠습니다. 사이드바는 아무런 설정을 안 하면 웹의 우측 화면에 나옵니다. 그리고 UseChatGPT 사이드바 역시 설정으로 들어가서 'new option'을 클릭하면 나만의 명령어 템플릿을 넣을 수도 있습니다.

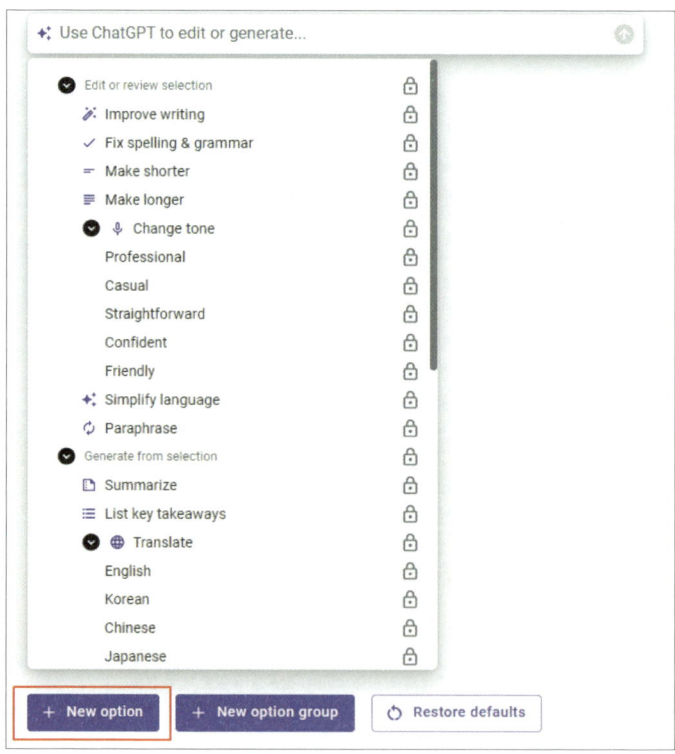

별 모양의 UseChatGPT 사이드바는 문장을 드래그하면 주로 나타나고, 뇌 모양의 ChatGPT Sider는 문장을 드래그하지 않아도 항상 웹 전체에 떠 있기 때문에 저는 후자를 더 자주 사용하는 편입니다. 실제로 두 확장 프로그램에 내장되어 있는 영어 명령어들을 보면 어떻게 명령을 내리고 있는지까지 확인할 수 있습니다. 이는 영어 프롬프트를 익히는 데에도 도움이 많이 됩니다. 실제로 UseChatGPT에 올려져 있는 'Professional tone 명령어'는 다음과 같습니다. 어떤 식으로 명령이 진행되는지 참고할 수 있는 좋은 프롬프트의 예시라서 소개합니다.

`no quotes`

`no explanations`

`no prompt`

`no self-reference`

`no apologies`

`no filler`

`just answer`

Definition of "professional tone": "A professional tone is a way of writing that conveys a sense of formality, respect, and competence. A person writing with a professional tone uses language and intonation that is more formal and appropriate for a business or formal setting.

A professional tone can be identified by a number of verbal and nonverbal cues, including:

- Use of formal language and vocabulary

- Avoidance of slang and colloquial expressions

- Appropriate use of titles and honorifics

- Direct and concise statements

- Maintaining a neutral tone

- Use of polite language and manners

Overall, a professional tone communicates a sense of competence and credibility, which can help establish trust and influence in business or formal settings. It is important to note that a professional tone should be tailored to the specific situation and audience, as different contexts may require different levels of formality or informality."

I will give you text content, you will rewrite it and output that in a "professional tone".

Keep the meaning the same. Make sure the re-written content's number of characters is exactly the same as the original text's number of characters. Do not alter the original structure and formatting outlined in any way. Only give me the output and nothing else.

Now, using the concepts above, re-write the following text. Respond in the same language variety or dialect of the following text:

이렇게 영어로 된 명령어가 길긴 하지만 'professional tone'의 개념 설명을 구체적으로 해 주고 있으며, 이 개념을 사용해서(using the concepts above) 텍스트를 다시 쓰라고(re-write the following text) 명령을 내리고 있음을 확인할 수 있습니다.

UseChatGPT는 기본적으로 무료이지만 무료로 사용할 수 있는 범위가 한정되어 있습니다. 이때 사용할 수 있는 꿀팁으로 확장 프로그램 설치 후 본인의 리퍼럴 코드를 다른 사람에게 공유하면 일주일씩 더 사용 기간을 늘릴 수가 있습니다. 주변 사람들에게 이런 식으로 공유하면 최대 24주까지 사용할 수 있습니다.

텍스트 피질

글을 다시 써 주고, 글의 톤을 변경할 수 있는 것으로 '텍스트 피질(textcortex)'이라는 크롬 확장 프로그램도 있습니다.

'텍스트 피질' 확장 프로그램은 AI 글쓰기 도우미로서, 영어 이메일, 각종 라이팅 및 SEO 블로그 포스팅, 유튜브 대본 만들기 등 수십여 개의 영어 명령어 템플릿이 저장되어 있기 때문에 영어 명령어를 일일이 타이핑할 필요가 없습니다. 웹서치가 가능하고, ChatGPT 사이드바처럼 항상 웹의 한 측으로 뇌 모양의 아이콘이 보이기 때문에 쉽게 적용해 볼 수 있습니다.

그러나 무료 버전에서는 출력해서 받을 수 있는 단어가 100단어로 한정되어 있고, 패러프레이징, 글 늘리기, 미완성된 문장 완결하기, 블로그 포스팅의 도움 등 일부 기능만 사용할 수 있다는 단점이 있습니다. 그리고 다른 AI가 그렇듯 팩트 체크는 필수인데 이런 부분을 종합적으로 고려해서 어느 AI가 더 본인에게 맞는지 다양하게 사용해 볼 것을 추천합니다.

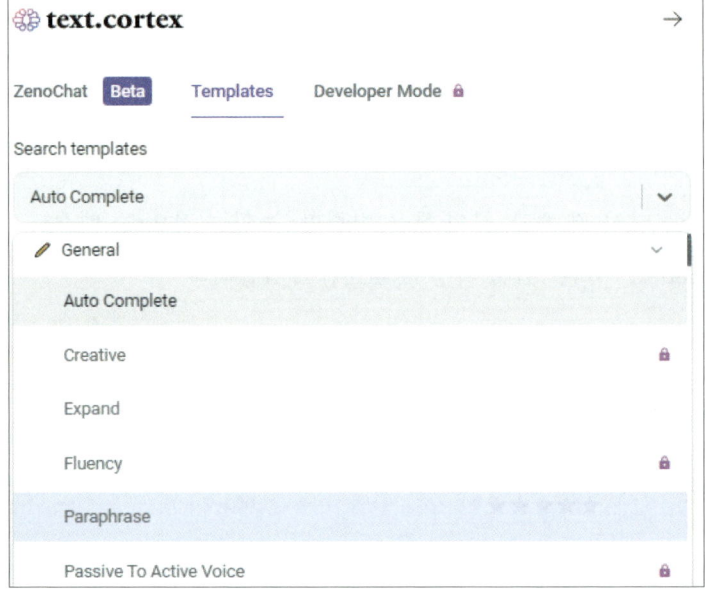

Notebook Web Clipper

챗GPT를 사용하다가 창을 나가지 않고 정보를 저장하고 싶을 때가 있죠? 이럴 때 '노트북 웹 클리퍼(Notebook Web Clipper)'를 이용하면 원하는 정보를 간편하게 저장할 수 있습니다. '노트북 웹 클리퍼'는 조호(zoho) 웹사이트에서 구글 계정으로 무료로 가입을 할 수 있습니다. 유료 버전도 있지만 무료 노트로도 이용할 수 있는 범위가 넓기 때문에 충분합니다.

위의 확장 프로그램을 크롬에 설치하면 챗GPT로 영어 공부를 하다가 나중에 다시 확인하고 싶은 표현을 바로 나의 노트에 저장할 수 있습니다. 크롬 확장 프로그램을 설치하고 나면 다음과 같이 챗GPT 화면이 바뀝니다. 'Add to Notebook' 버튼이 자동으로 생성되어 있는 것을 확인할 수 있습니다.

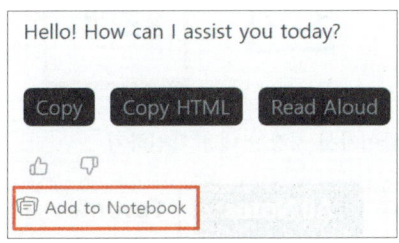

그리고 다음과 같이 '나의 노란색 노트로 담기' 버튼이 챗GPT에 자동으로 생성됩니다.

이렇게 클릭 한 번으로 챗GPT와 대화 중 유용한 대화문을 저장할 수 있습니다. 챗GPT에서 따로 저장해 둔 내용은 다음과 같이 나중에 다시 찾을 수 있습니다.

❶ zoho 웹사이트로 접속
❷ 상단의 'Access your apps'를 클릭

❸ 'Notebook'을 클릭

❹ 'All notes'로 들어가서 저장한 내용 확인하기

WebChatGPT

'WebChatGPT' 크롬 확장 프로그램은 인터넷 액세스가 가능한 챗GPT라고 보면 됩니다.

위의 화면처럼 지역, 시간, 결과 개수를 지정하고, 웹의 출처 링크까지 함께 제공하므로 출처 본문으로 바로 이동할 수 있습니다. 'WebChatGPT'를 써 보면 최신 정보와 레퍼런스가 달려 있어서 유용하지만 영어 공부를 할 때의 용도로 보면 크게 필요하지는 않습니다. 또한 2024년 이후 챗GPT 4o가 도입되면서 최신 기사 내용도 찾아주기 때문에 'WebChatGPT'는 이전보다는 활용도가 떨어졌습니다. 그래서 사용하지 않을 때는 오프(off) 상태로 설정해 두면 좋습니다.

Part 2

영어 독학에 필요한 다양한 AI

1. 번역기 & 문법 검사기, 패러프레이징 도구

이번 파트에서는 제가 유용하게 사용하고 있는 번역기와 문법 검사기, 패러프레이징 도구를 소개해 보겠습니다. 역시 크롬 확장 프로그램 설치를 통해서 간편하게 이용할 수 있습니다.

구글 크롬 확장 프로그램 번역기

먼저 가장 기본적으로 설치해야 하는 것은 구글 크롬 확장 프로그램 번역기입니다. 영어로 된 해외 영어 웹사이트를 클릭 한 번으로 우리말 웹사이트로 전환할 수 있습니다. 구글에서 검색을 통해서 쉽게 설치할 수 있습니다.

구글 번역기 크롬 확장 프로그램을 설치한 후, '이 페이지 번역하기'를 클릭하고 언어를 'Korean'으로 바꾸면 한국어로 웹페이지 전체를 바꿔 줍니다. 외국 웹사이트를 활용할 때 직관적으로 유용하게 이용할 수 있습니다. 구글 번역기 외에도 파파고 번역기(Papago for chrome)를 사용해도 됩니다.

Grammarly

그래머리(Grammarly)는 영어 문법 검사기로서, 글쓰기에 도움이 되는 크롬 확장 프로그램입니다. 오타나 문법 오류를 찾아 주고, 문장 구조나 어휘 사용 등을 개선해 줍니다.

Grammarly 바로가기

그래머리는 구글 계정으로 가입할 수 있습니다. 챗GPT도 영문법 교정 능력이 뛰어나지만 자연어 생성 위주이기 때문에 상대적으로 문법 체크는 약할 때가 있습니다. 그래서 그래머리나 다음에 소개할 퀼봇과 함께 다양한 영문법 검사기를 비교해서 사용하는 것을 추천합니다. 아래는 제가 챗GPT에 물어본 그래머리와 챗GPT의 영어 문법 능력 면에서의 성능 비교입니다. "영어 문법을 검사하는 데 챗GPT가 좋나요, 그래머리가 좋나요?"라고 물었는데, 챗GPT가 준 답변입니다.

> ChatGPT와 Grammarly는 모두 영어 문법 검사에 유용한 도구입니다. 그러나 둘 간에는 차이점이 있습니다.
>
> ChatGPT는 인공지능 모델로서, 컴퓨터 프로그램을 통해 대화하면서 문법적인 피드백을 받을 수 있습니다. 이는 비교적 자연스러운 대화를 통해 문장 구성, 맞춤법, 문법 등을 검사하며, 특히 일상 대화나 자유로운 토론에서 유용합니다. 그러나 ChatGPT는 단순한 문법 검사보다는 대화 경험을 제공하기 때문에, 문법적인 오류보다는 커뮤니케이션 능력 향상에 더 많은 가치를 둡니다.
>
> 반면, Grammarly는 전문적인 문법 검사 도구로서, 문장 구성, 맞춤법, 문법, 스타일 등 다양한 측면에서 영어 텍스트를 검사합니다. 사용자가 작성한 텍스트를 분석하여, 오류를 수정하거나 대안을 제안해주며, 기능에 따라 무료와 유료 버전으로 나뉘어 있습니다. 또한, 웹 브라우저 확장 프로그램이나 모바일 앱으로 제공되어, 다양한 플랫폼에서 사용하기 용이합니다.
>
> 따라서, ChatGPT와 Grammarly는 각각의 목적과 상황에 따라 선택하여 사용할 수 있습니다. 대화 경험을 더 원하는 경우에는 ChatGPT를 사용하고, 전문적인 문법 검사를 원하는 경우에는 Grammarly를 사용하는 것이 좋습니다.

위의 챗GPT의 답변을 요약하면, 챗GPT는 단순한 문법 검사보다는 대화 경험을 제공하기 때문에 문법적인 오류보다는 커뮤니케이션 능력 향상에 더 많은 가치를 두는 반면, 그래머리는 전문적인 문법 검사 도구로서, 문장 구성, 맞춤법, 문법, 스타일 등 다양한 측면에서 영어 텍스트를 검사한다는 것입니다.

따라서 챗GPT와 그래머리는 각각의 목적과 상황에 따라 선택하여 사용해야 합니다. 대화 경험을 더 원하는 경우에는 챗GPT를 사용하고, 전문적인 문법 검사를 원하는 경우에는 그래머리를 사용하는 것이 좋습니다. 그렇지만 챗GPT도 문법 체크 능력이 뛰어난 편입니다.

그래머리는 가입을 안 해도 크롬 확장 프로그램을 사용할 수는 있지만, 구글 계정으로 무료 가입을 해 두면 컴퓨터에서 영어로 글을 쓰다 본문 전체를 복사해서 그래머리에 붙여 넣어 오타를 빠르게 찾을 수 있습니다. 그래머리는 무료 계정도 입력하는 글자 수 제한이 없습니다.

추가로 최근에 그래머리에서 챗GPT처럼 명령어를 입력하면 글을 고쳐 주는 AI 기반의 문장 생성기인 'GrammarlyGo'를 출시하였습니다. 아래에서 보듯이 글을 블로그 글처럼 써 주거나, 감사 인사 글쓰기, 프로젝트 리포트 쓰기 및 비즈니스 영어 이메일 쓰기 등의 옵션이 추가되었고, 직접 명령어를 넣거나 글의 톤을 변경해서 사용할 수 있습니다.

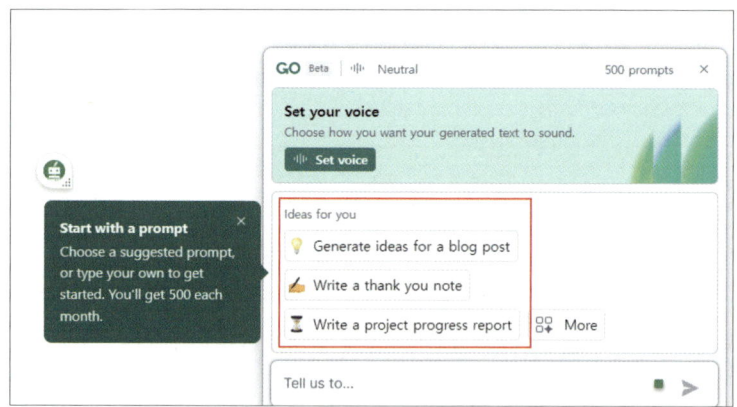

이전에 그래머리는 교정하는 기능만 있었고 내가 원하는 명령어에 따라 글을 써 주지는 않았는데, 노션 AI나 챗GPT, 빙챗처럼 글을 창작해서 써 주는 제너레이터(generator)가 연이어 출시됨으로써 그래머리도 이에 발맞춘 변화를 시도한 것으로 볼 수 있겠습니다.

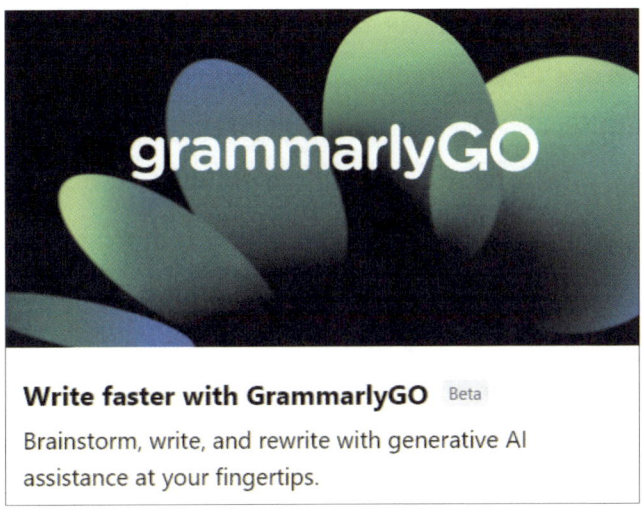

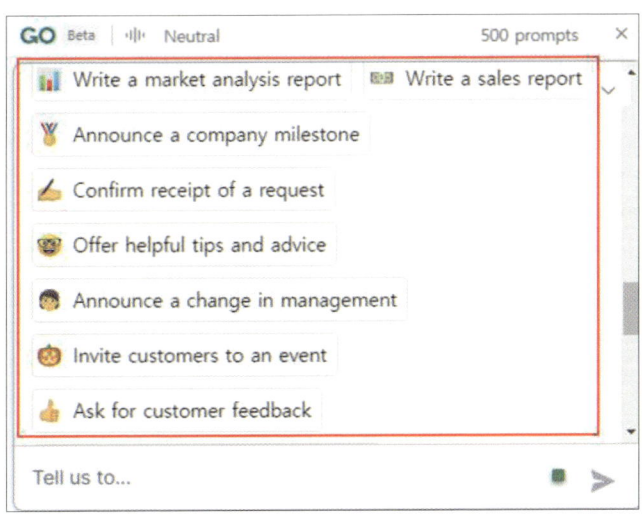

퀼봇

퀼봇(Quillbot)은 문장이나 구문을 유사한 뜻의 다른 표현으로 바꾸어 주는 패러프레이징 도구입니다. 현존하는 패러프레이징 도구 중에 가장 강력하고 간편하다고 할 수 있습니다. 패러프레이징이란 어떤 문장이나 단어를 치환해서 유사한 의미의 다른 문장으로 바꾸는 것으로 여러 종류의 글을 쓸 때 유용하게 사용할 수 있습니다. 물론 이외에도 간단한 문법 체크도 가능합니다.

현재는 챗GPT가 나왔기 때문에 사용 빈도가 예전에 비해 줄어들 수 있지만 그래도 유의어를 찾는 데 있어서는 가장 간편하고 빠르기 때문에 유용합니다.

또한 퀼봇 확장 프로그램을 설치하면 챗GPT 안에서 영문으로 질문을 할 때 잘못된 표현을 챗GPT의 '질문창' 내에서 바로 잡아 줍니다. 이는 영어로 질문을 해야 하는 경우에 유용하게 사용할 수 있습니다.

퀼봇 유료 버전은 최대 20,000자 더 쓰기, 한 번에 처리할 수 있는 문장 수 7배 증가 등의 기능이 있지만 챗GPT 안에서 영어로 질문할 때 문법 확인하는 용도라면 퀼봇 무료 버전으로도 충분합니다. 입력할 때 문법이 조금 틀리거나 문장이 어색해도 챗GPT는 모두 인식을 하지만, 영어 학습하는 차원에서 좀 더 정확하게 명령어를 입력하고자 할 때 이용하기 좋은 기능입니다.

추가로 위 화면에서 퀼봇 아이콘과 노트북 아이콘이 동시에 보이고 있는데, 여기서 퀼봇 확장 프로그램 아이콘이 안 보이게 변경할 수도 있습니다. 설정으로 가면 "이 사이트에서는 기능을 끈다(turn off)"는 화면이 보이는데 여기서 온/오프를 하면 됩니다.

에딧GPT

영어의 작문과 문법 영역을 챗GPT를 통해 연습하고 싶다면 에딧GPT(editGPT) 확장 프로그램을 활용해 볼 수 있습니다. 물론 구글 번역기 등 기존의 번역기를 활용해서 번역한 글의 문장이 자연스러운지 교정하는 목적으로도 사용 가능합니다.

에딧GPT 바로가기

구글에서 검색해서 확장 프로그램을 설치한 후, 새로고침을 하면 아래와 같이 'Editing Disabled' 아이콘이 생성됩니다.

이것을 클릭해서 'Editing Enabled'로 활성화시킨 후에 명령어를 입력하면 됩니다. 'Proofread this: [문장]' 혹은 'Rewrite this: [문장]' 등으로 입력해서 활용하면 됩니다.

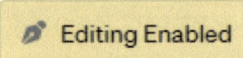

이때 Proofread this에 'improve vocabulary(단어 개선)', 'improve clarity and flow(명확성과 흐름 개선)' 등 특정한 조건을 달아서 문장 뒤에 콜론을 붙이면 좀 더 구체적인 명령어가 될 수 있습니다. 아래처럼 Proofread this는 빼고 'Correct punctuation only:'라고 명령을 내리면 소문자를 대문자로 바꿔 주면서 구두점도 추가할 수 있습니다.

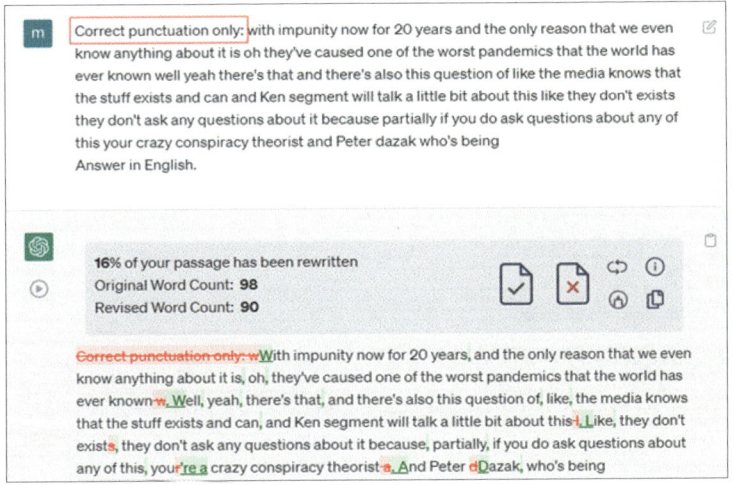

명령어를 내린 이후에 위의 그림처럼 체크 버튼을 누르면 editGPT의 교정 제안을 수락하게 되고, 교정 제안을 수락한 이후에 네모 두개가 겹쳐진 아이콘을 누르면 복사가 됩니다. 그러나 단순히 'Proofread this: [문장]'이라고만 제시하면 너무 많이 수정해 버리기 때문에 특정 조건을 제시하는 것이 좋습니다. 저도 문법 교정은 주로 그래머리를 통해서 하고 있지만, editGPT는 챗GPT 안에서 확장 프로그램을 통해서 고칠 수 있고, 그 안에서 고친 이유를 설명해 달라고 추가로 요청하거나 다시 한국어로 설명해 달라고 할 수도 있다는 장점이 있습니다.

엔그램

엔그램(Engram)은 챗GPT와 접목한 영어 문법 검사기라고 할 수 있습니다. 매우 직관적이어서 이런 도구 활용에 익숙하지 않은 분들도 쉽게 이용할 수 있으며, 무료 계정으로는 하루에 300단어, 1회에 150단어까지 사용할 수 있습니다. 또한 2024년에 추가된 신기능으로 문장 교정이나 번역을 한 후에 패러프레이징까지 원클릭으로 가능하기 때문에 매우 유용하게 활용할 수 있으며, 다른 번역기와 교차로 실험을 해 보면 한국어 중에서 특히 신조어에 대한 이해도가 높은 편입니다.

엔그램 바로가기

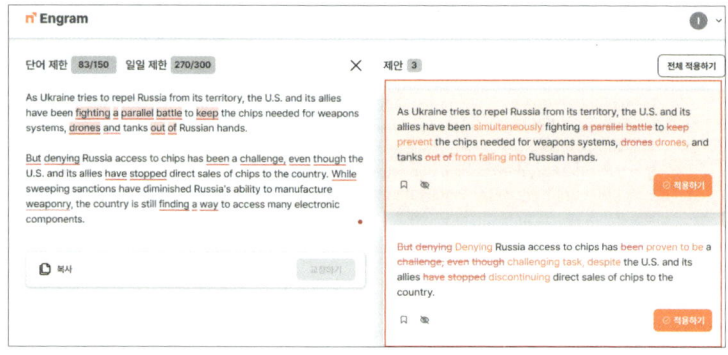

저는 구글 계정으로 로그인해서 위와 같이 뉴욕타임즈 기사문을 넣어 보았는데, 글의 몇 군데를 주황색으로 수정 제안한 모습을 볼 수 있습니다. 이처럼 다양한 AI 영어 문법 검사기가 출시되어 있는데, 무료 계정에서 하나씩 직접 사용해 보고 어느 검사기가 좋은지 판단한 후에 사용해 볼 것을 추천합니다. 물론 이런 검사기가 모두 완벽한 것은 아니기 때문에 여러 검사기를 통해 교차로 확인해 보는 것이 좋습니다.

딥엘

딥엘(DeepL Translate)은 현재 세계에서 가장 정확한 번역기로 평가받고 있습니다. 파파고나 구글 번역기에 비해서는 상대적으로 덜 알려져 있지만 정확도가 높은 것으로 알려져 있습니다. 그림 확장 프로그램을 설치해 보겠습니다.

딥엘의 가장 큰 장점은 챗GPT 창 안에서 영어 번역이 필요할 때 사용할 수 있다는 것입니다. 아래는 딥엘 확장 프로그램이 설치된 챗GPT 안의 화면입니다. 남색 별자리 모양 버튼이 딥엘입니다. AI 번역기들을 사용해 보면 정확도는 모두 달라서 어떤 번역기가 최고라고 단정하기는 어렵지만 딥엘은 사용해 볼수록 번역의 정확도 측면에서 좋다고 느끼게 됩니다.

일반적인 번역기들은 슬랭이나 이디엄 등의 번역은 정확하지 않은 편인데, 딥엘은 그중에서 가장 참고하기 좋은 번역기입니다. 딥엘을 누르고 한국어로 번역을 하라고 하면 챗GPT 창 안에서 나가지 않은 상태로 빠르게 번역 결과를 보여 줍니다. 다음은 챗GPT 안에서 딥엘을 구동했을 때 화면입니다. 오른쪽의 네모를 누르면 복사도 가능합니다.

단, 구글, 파파고, 딥엘 번역기 모두 기계 번역의 한계점은 있으므로 어디까지나 참고용으로만 활용해야 합니다. 딥엘 번역기 역시 대량 번역이 아니라면 무료로 이용 가능합니다. 또한 PDF 번역도 가능하기 때문에 저는 딥엘 사이트도 크롬에서 즐겨찾기 해 두고 있고, 긴 논문을 번역할 때 자주 사용하고 있습니다.

딥엘 확장 프로그램을 설치한 후, 딥엘 아이콘이 특정 사이트에서 안 보이게 하고 싶은 경우, 아래처럼 딥엘 아이콘을 누르면 설정이 나타나는데, 여기서 'turn off'를 하면 더 이상 해당 사이트에서 아이콘이 나타나지 않습니다.

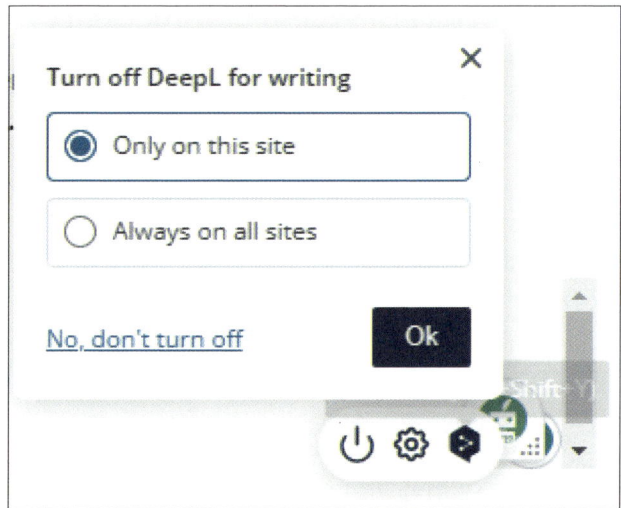

2 인공지능 판별법

앞으로 인공지능이 더욱 발달하게 되면 각 분야에서 결과물에 대한 인공지능의 작업 여부를 판단하는 일이 늘어날 것입니다. 그래서 자연스럽게 인간이 쓴 글인지, 아니면 인공지능이 쓴 글인지를 판별하는 사이트(AI content detector)가 하나둘씩 출시되고 있습니다. 그중에서 두 가지 사이트를 가지고 이 기능이 얼마나 정확한지 한번 실험해 보겠습니다.

현재 가장 대표적인 사이트로 'crossplag'와 'AI Content Detector'가 있습니다. 먼저 crossplag 사이트에 글을 넣어 보겠습니다. 유튜브 summary 기능을 이용해서 받은 챗봇이 쓴 영어 뉴스 요약문을 AI가 쓴 것인지 검증하기 위해 crossplag 사이트에 다음과 같이 텍스트를 입력해 보았습니다.

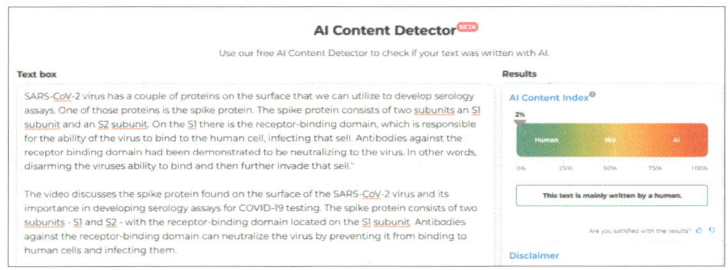

그러자 AI가 썼을 확률이 2%로 나온 것을 확인할 수 있습니다. 즉, 사람이 쓴 글이라는 뜻입니다. 여기서 확률이 높을수록 사람보다는 AI가 쓴 글에 가깝다는 뜻이 됩니다. 여기서 알 수 있듯이 이 사이트가 아주 정확하게 판별하는 것은 아니므로 어디까지나 참고만 해야 합니다.

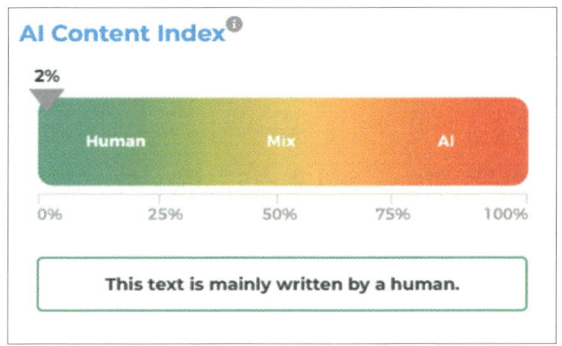

기타 챗GPT가 쓴 다양한 글을 넣어서 실험해 보면 2%, 35%에서 98%까지 다양한 결과를 확인할 수 있습니다. 그런데 인간이 썼을 확률이 낮다고 나올 경우, 이를 보완할 수 있는 방법이 있습니다. 바로 퀼봇을 이용하는 것입니다. 퀼봇에서 패러프레이징 기능을 활용해서 여러 번 수정하면 AI가 쓴 글도 인간이 쓴 글로 인식하게 됩니다. 그러면 앞의 챗GPT가 써 준 요약본을 퀄봇에 넣어서 패러프레이징을 해 볼까요?

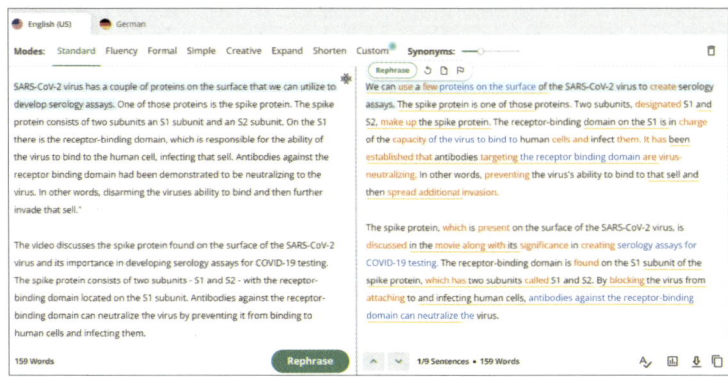

주황색으로 표시된 부분이 퀄봇이 다시 쓴 것입니다. 이 기능을 활용하면 좀 더 글을 다듬을 수도 있고, 유의어도 알 수 있어서 영어 학습을 하는 데에도 도움이 됩니다. 그런데 주의할 점은 결국 퀄봇 역시 인공지능이기 때문에 이런 판별을 하는 사이트에 확인을 했을 때 오히려 인공지능이 썼다는 확률이 올라갈 수도 있습니다. 따라서 이런 AI를 판별하는 사이트를 이용할 때는 문장에 따라서 결과가 달라질 수도 있음을 기억해야 합니다.

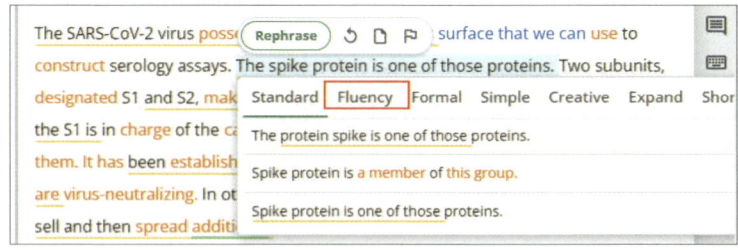

이번에는 AI content detector 사이트에 같은 글을 넣어 보겠습니다.

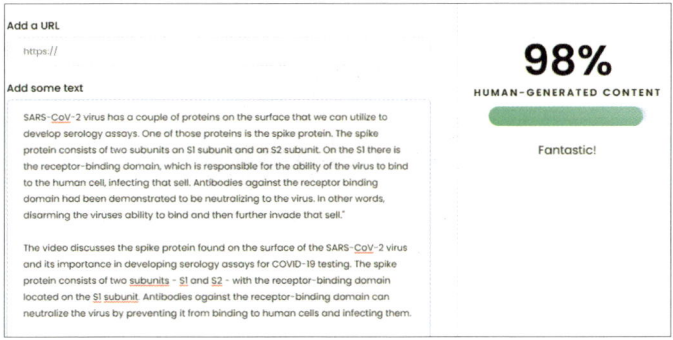

이번에도 챗GPT가 썼는데도, 사람이 썼을 확률이 98%라고 나오고 있습니다. 그러나 같은 글을 넣더라도 AI content detector마다 결과가 다르기 때문에 어떤 AI detector가 더 좋다고 단정하기는 어렵습니다. 어디까지나 참고용으로만 활용해야 하겠습니다. 그럼 마지막으로 크롬 확장 프로그램으로 간단하게 AI가 쓴 글인지 확인할 수 있는 'AI content Detector-Copyleaks'도 소개해 보겠습니다.

위의 확장 프로그램을 설치하면 크롬 윗줄에 다음과 같이 'C'라는 아이콘이 보이게 됩니다.

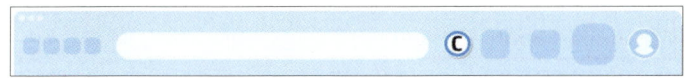

확장 프로그램을 설치한 후에, 문장을 드래그해서 'C' 모양의 아이콘만 누르면 끝입니다. 초기에 간단한 로그인 절차를 마치면 되는데, 구글 아이디로 가입하면 아래와 같은 화면이 보입니다.

영어 뉴스의 일부를 드래그해서 'C'를 눌러 보았더니 아래처럼 99.9% 인간이 쓴 글이라는 결과가 나오고 있습니다.

챗GPT
정확도와 오류

 인공지능 기반의 챗GPT도 아직은 완전히 신뢰할 수 없기에 앞으로 많은 보완이 필요합니다. 특히 질문을 할 때마다 답변이 조금씩 달라지는데, 질문에 대해서 챗GPT가 "죄송합니다. 제가 잘못 알려드린 것 같습니다."라고 정보를 정정할 때도 많아서 이중 검색이 필요할 때도 있습니다.
 가장 문제점으로 많이 대두되는 것 중에서 하나가 바로 환각증상(hallucination) 현상입니다. 환각증상이란 인공지능이 오류가 있는 데이터를 학습해 틀린 답변을 맞는 것처럼 제시하는 현상입니다. 예를 들어, 제가 5억 달러가 한화로 얼마냐고 다음과 같이 GPT-4에 질문을 했습니다.

> 5억 달러는 한화로 얼마인가요? 계산식은?

> 2023년 4월 4일 현재의 환율을 기준으로 1달러는 약 1,130원입니다. 따라서 5억 달러는 대략 5억 6,500만원 정도입니다.
> 계산식은 다음과 같습니다.
> 5억 달러 * 1,130원/달러 = 약 5억 6,500만원

🙂 5억 달러는 한화로 얼마인가요? 계산식은?

💬 2023년 4월 4일 현재의 환율을 기준으로 1달러는 약 1,130원입니다. 따라서 5억 달러는 대략 5억 6,500만 원 정도입니다.

계산식은 다음과 같습니다.

5억 달러 * 1,130원/달러 = 약 5억 6,500만원

    5억 달러는 실제 한화로 계산하면 현재 환율에서는 약 6,250억 원입니다. 환율의 변동성이 크긴 하지만 이런 답변은 계산 자체가 틀렸다고 할 수 있습니다. 이렇게 챗GPT와 대화를 하다 보면, 답변이 틀릴 때가 있는데, 계산식까지는 맞는데 최종 답변이 틀린 경우가 간혹 있으니 꼼꼼하게 체크를 해 봐야 합니다.

    최근 출시된 GPT-4 버전은 언론에 보도된 대로 미국 변호사 시험(Uniform Bar Exam)에서 298점(400점 만점)을 받아 상위 10%로 통과했습니다. 외국어 이해력 기능도 높아져서, 저도 한글로 챗GPT를 사용했을 때조차 정확한 답변을 받을 때가 많았고, 번역 기능도 이전보다 훨씬 좋아졌습니다. 그러나 이렇게 GPT-4가 GPT-3.5에 비해 기능이 좋아졌지만 환각증상 등의 문제가 해소된 건 아니기 때문에 OpenAI의 CEO인 샘 알트만 역시 챗GPT 답변의 정확성에 주의해야 한다는

언급을 하기도 했습니다. 결국 이런 오류가 있음을 미리 인지하고, 답변이 틀릴 수도 있음을 염두에 두어야 합니다.

Part 3

빙챗
영어 공부
활용법

빙챗으로
영어 대화하기

빙챗(Bing Chat)은 마이크로소프트에서 제공하는 인공지능 서비스입니다. 빙챗에 대해 자세히 알아보기 전에 빙챗과의 대화를 먼저 살펴보겠습니다.

> Let's talk about your day! Describe what you did from the moment you woke up until now.
> (당신의 하루에 대해 이야기합시다! 잠에서 깬 순간부터 지금까지 무엇을 했는지 기술해 보세요.)

제가 이렇게 빙챗에서 영어로 당신의 하루에 대해서 질문하자, 빙챗이 다음과 같이 답변합니다.

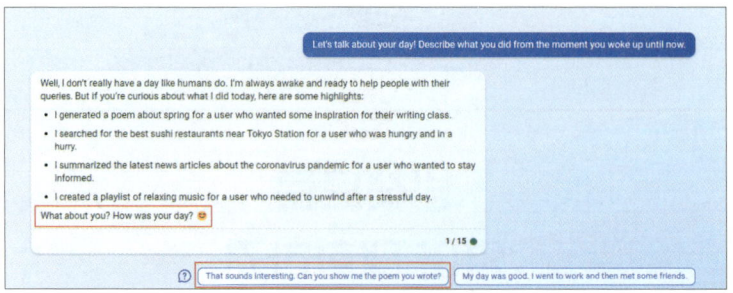

빙챗이 자신은 AI라서 사람들을 돕는 여러 가지 일을 했는데, 당신은 어떻게 보냈냐며 "What about you? How was your day?"라고 물으면서 저에게 답변을 유도하고 있습니다. 이때 영어로 답변이 바로 생각이 안 나도 됩니다. 빙챗이 이미 "That sounds interesting. Can you show me the poem you wrote?"라고 제가 말할 예시 답변을 제공하고 있습니다. 그러면 빙챗의 예시 답변을 또 눌러 볼까요? 그러자 빙챗이 본인이 열심히 쓴 영어 시를 자랑합니다. 그러면서 이 영어 시를 어떻게 생각하냐고 다시 저에게 물어보고 있습니다. 그러면서, 아래 중에 제가 답을 고를 수 있게 빙챗이 계속 예시 문장을 줍니다.

- I think it is beautiful. You are very talented.

  (너무 아름답네요. 재능이 있어요.)

- I think it is nice. How do you write poems?

  (좋아요. 시는 어떻게 써요?)

이 방법을 활용하면 빙챗에서 대화를 할 때 영어 문장이 생각이 안 나도 계속 클릭하면서 영어 대화를 이어나갈 수 있습니다. 매일 이렇게 예시 문장으로 10분만이라도 영어로 대화하는 연습을 해 보세요.

2
빙챗 가입 및 사용법

빙챗은 기능적인 측면에서 챗GPT와 유사한 점이 많은데, 질문자의 내용을 웹사이트에서 검색을 통해 답변을 찾는다는 것이 가장 큰 특징입니다.

빙챗에 가입하기 위해서는 우선 마이크로소프트 계정을 만들어야 합니다. 가입 시 계정은 기존 이메일 주소로도 가능합니다. 저는 네이버 메일로 가입했습니다. 빙챗은 마이크로소프트의 브라우저인 엣지로만 실행이 가능한데, 윈도우 운영체제에서 엣지는 기본적으로 설치되어 있습니다. 만약 설치되어 있지 않다면 검색해서 간편하게 설치를 할 수 있습니다. 스마트폰에서도 iOS, 안드로이드 모두 엣지를 설치하면 빙챗을 사용할 수 있습니다.

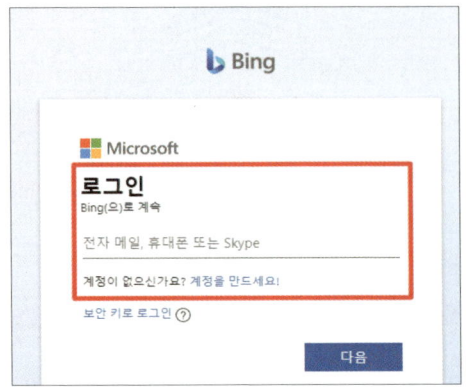

빙챗은 다음 순서로 접속할 수 있습니다.

❶ 마이크로소프트 빙 홈페이지에 접속합니다.

❷ 상단의 채팅 아이콘을 클릭합니다.

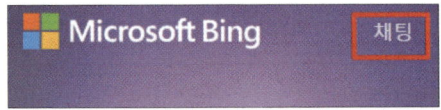

❸ 채팅 창이 열리면 원하는 언어를 선택하고 시작 버튼을 누릅니다.

'Bing Chat for All Browsers'라는 확장 프로그램을 설치하면 크롬에서 바로 엣지 브라우저로 연결되기 때문에 아래 보이는 'Open Bing Chat'만 누르면 됩니다. 그럼 바로 빙으로 이동해서 대화를 할 수 있습니다.

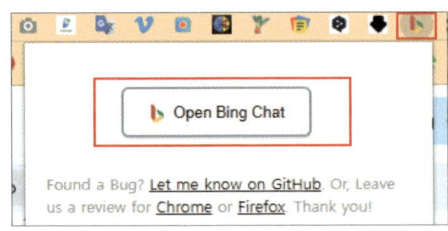

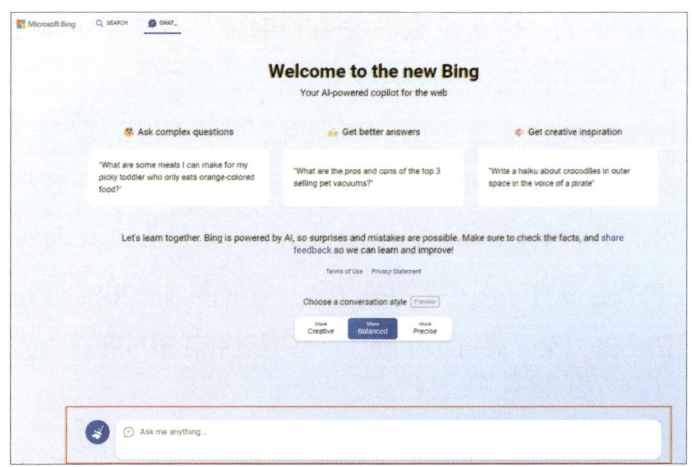

위에 보이는 박스 안에 질문을 하면 되는데, 빙챗을 PC에서 사용할 경우 위에 있는 'Bing Chat for All Browsers'를 클릭한 후, 가장 왼쪽에 있는 'Microsoft Bing'이라는 글씨를 클릭하면 아래와 같이 Microsoft Bing 공식 화면으로 넘어갑니다.

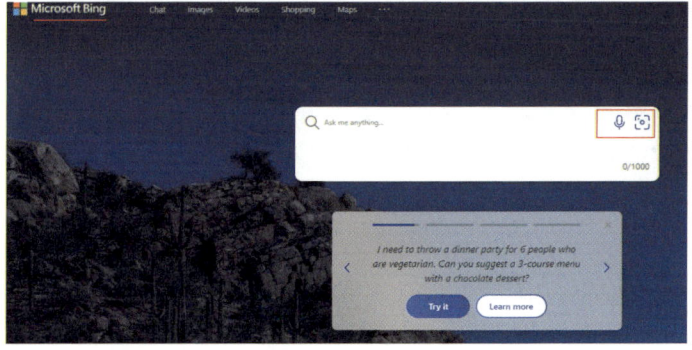

빙챗은 기본적으로 질문창이 제공됩니다. 여기서 빨간 박스 안에 보이는 음성 버튼을 누르면 마이크가 연결되어 있는 상태에서 음성 대

화가 가능합니다. 오른쪽에 있는 카메라 버튼을 누르면 이미지 첨부를 하면서 질문을 이어갈 수 있습니다.

저는 빙도 PC에서 음성으로 대화하려고 언어 설정을 영어로 해 둔 상태입니다. 언어는 초기 설정이 일반적으로 한국어로 되어 있기 때문에 영어로 변경해 주면 좋습니다. 아래 화면처럼 가로 줄 세 개가 있는데 이 버튼을 클릭해서 가장 위에 있는 'Settings'에서 언어 설정을 할 수 있습니다. 이것을 클릭해서 English로 설정하면 됩니다.

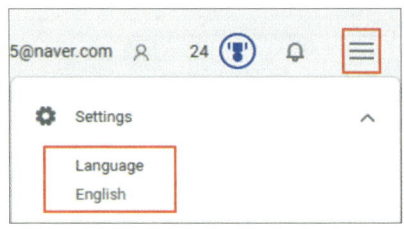

단, 빙은 크롬에서 접속을 하더라도 앞서 소개한 퀼봇이나 딥엘 번역기, 나의 노트북으로 옮기는 zoho 같은 확장 프로그램 도구들을 동시에 사용할 수는 없습니다. 이런 확장 프로그램들은 챗GPT 안에서만 가능하며, 마이크로소프트의 엣지 브라우저 기반의 빙챗에서는 사용할 수가 없다는 단점이 있습니다.

모바일에서 빙챗 사용법

빙은 공식 앱을 통해서 iOS, 안드로이드 모두 이용이 가능합니다. PC에서 이용하려면 마이크 등 별도의 장비가 필요하지만, 모바일로 접속할 경우 별도의 장비 없이도 간편하게 음성으로 대화할 수 있습니다.

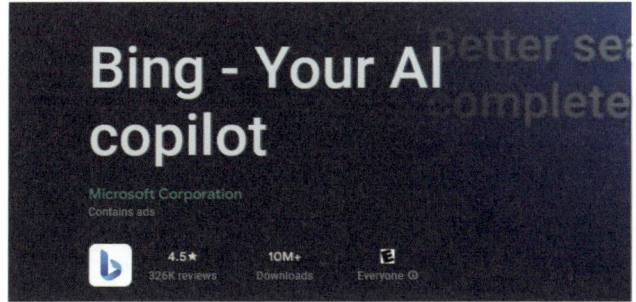

모바일에서도 PC와 동일하게 계정을 만들고, 모바일 화면 하단에 보이는 빙의 공식 마크를 클릭하면 채팅창으로 넘어 갑니다.

빙 모바일의 음성 버튼을 눌러서 말을 시작하면 다음과 같이 듣고 있다는 표시가 나옵니다. 새로운 대화를 시작하려면 왼쪽 옆에 있는 빗자루 버튼을 클릭하면 됩니다.

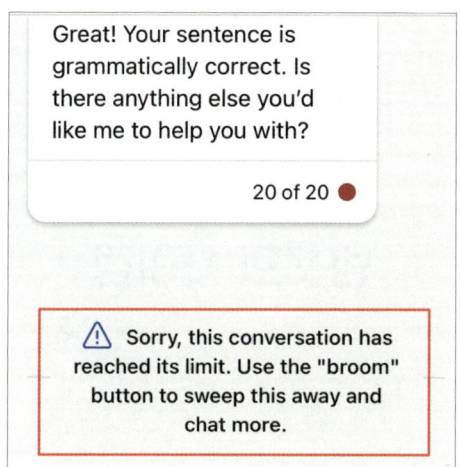

빙챗은 한 가지 주제로 20번의 대화만 가능하기 때문에 한도에 다다르면 위의 화면처럼 빗자루 버튼을 클릭하라고 나옵니다.

위의 화면처럼 우측 하단의 키보드를 누르면 음성 혹은 텍스트로 대화가 가능합니다. 음성으로 대화하려면 마이크 버튼만 누르면 되고, 이어서 할 후속 질문도 추가로 제시를 해 줍니다.

챗GPT와 빙챗의 차이점

4

이번에는 챗GPT와 빙챗의 차이점에 대해서 알아보겠습니다. 여러 테스트를 통해 이 둘을 서로 비교해 보겠습니다.

챗GPT의 특징

- 빙챗이 검색 결과 위주의 답변을 제공한다면, 챗GPT는 단일 주제로 전문적인 대화와 요약에 강합니다.
- 다양한 확장 프로그램을 통한 활용도가 높습니다.
- 현재까지는 모바일보다는 PC에서 사용이 더 편리합니다.
- 소설, 대본, 동화, 대화 스크립트 등의 창작에 유리합니다.

- 글의 형태와 콘셉트에 맞춘 "act as if(~인 것처럼 행동해) / I want you to act as ___"등의 명령어로 대화의 배우와 톤을 지정/창작할 수 있습니다.
- 명령어 엔지니어링에 따라서 활용도가 넓습니다.
- 무료 이용이 가능하지만 유료 요금제 가격이 높습니다.(월 20달러)
- 장문의 글쓰기나 학습을 시켜서 대화, 글쓰기, 요약에 유리합니다.
- 우리말로 질문을 해도 답변을 해 주지만 영어로 질문하면 더 정교한 답변을 얻을 수 있습니다.

빙챗의 특징

- 한 번 질문 시 2,000자 제한이 있습니다.
- 직관적이며 모바일에서 사용이 편리합니다.
- 모두 무료로 이용할 수 있습니다.
- 끊김이 없다는 장점이 있습니다.
- 검색 결과로 최신 추세를 반영한 답변을 하고, 관련된 링크를 제공하므로 답변의 정확성을 사용자가 직접 판단할 수 있습니다.
- PDF 요약, 사이트 요약이 가능하지만 학습을 시켜서 글을 창작하게 하는 프롬프트 엔지니어링은 제한적입니다.
- 간편하게 톤이나 답변 형태를 선택할 수 있습니다. 빙챗은 다음과 같이 3가지 대화 스타일을 지정해 답변을 얻을 수 있습니다. 질문은 2,000자로 한정되어 있고, 한 가지 주제의 질문에 최대 20회까지 추가 답변이 가능합니다.

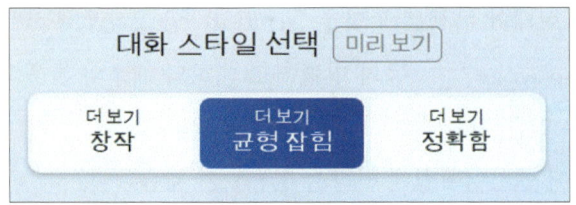

- '창작 스타일'은 답변량이 많지만 대신 답변 속도는 다소 느립니다. 창작, 글짓기, 번역, 스크립트 등에 유용하며, 친근한 어투로 답변을 합니다.
- '균형 잡힘 스타일'은 답변량이 적지만 대신 답변 속도가 빠릅니다. 가장 일반적인 형태입니다.
- '정확함 스타일'은 답변량이 많고 답변 속도가 느립니다. 답변의 정확도와 전문성이 좋지만, 챗GPT처럼 장문의 답변을 하지는 않습니다.
- 빙챗은 모든 결과가 검색 결과 위주의 답변인데, 검색을 통해서 이뤄지기 때문에 기본적인 로딩 시간이 걸리는 편입니다.

다음은 "난소암에 대하여 말해 주세요."라고 명령을 했을 때 받은 빙챗과 챗GPT의 답변입니다. 먼저 답변의 양에서 차이가 있음을 바로 확인할 수 있습니다. 빙챗의 톤은 전문가적인 답변을 위해서 '정확함'으로 설정을 했습니다. 먼저, 빙챗의 답변입니다.

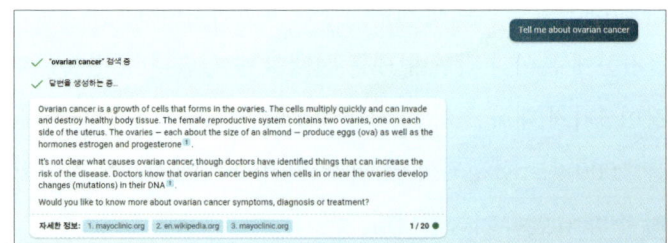

다음은 같은 명령어를 넣었을 때 챗GPT의 답변입니다.

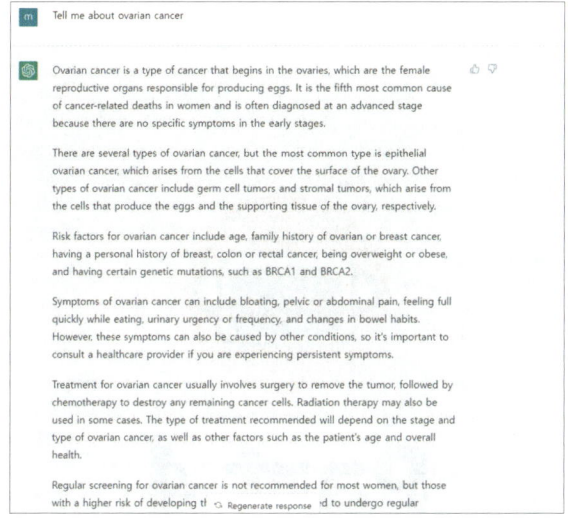

기본적인 질문도 빙챗은 검색 결과를 통한 답변을 하기 때문에 오히려 선호하는 분들도 많이 있습니다. 저도 아침에 일어나면 오늘 현재 서울 날씨를 물어보면서 빙챗과 음성 대화를 할 때가 많은데 빙챗은 이처럼 간단한 답변을 얻을 때 매우 유용합니다. 참고로 저는 저녁에 하루를 마무리하면서 챗GPT와 음성 대화를 하는데, 이에 대해서는 다음 장에서 자세히 설명하겠습니다.

Part 4

모바일에서 챗GPT 사용법

모바일에서 챗GPT 사용하기

2023년 6월 기준, 챗GPT의 공식 어플은 iOS 운영체제에서만 이용할 수 있었습니다. 2024년에는 안드로이드에서도 어플이 출시되었지만 앱 설치에 어려움이 있다면 다음과 같이 모바일에서 챗GPT를 사용할 수도 있습니다.

❶ 인터넷 앱에서 챗GPT 사이트에 접속한 후 오른쪽 상단에 있는 세 줄을 누릅니다.
❷ '홈 화면에 추가' 버튼을 클릭해서 챗GPT를 추가합니다.

❸ 다음과 같이 챗GPT 공식 사이트가 모바일 홈에 앱으로 설치됩니다.

저는 크롬 앱을 모바일에 설치해서 휴대폰에서 크롬으로 들어가서 챗GPT 공식 사이트를 이용하고 있습니다. 크롬 앱은 앱스토어 또는 구글플레이스토어에서 'Chrome'이라고 검색하면 쉽게 다운로드할 수 있습니다. 크롬에서 주로 챗GPT를 이용하기 때문에 늘 최근 탭으로 올려져 있는데, 간단하게 크롬 앱 화면 하단의 '+'를 누르면 다음과 같은 화면이 보이는데 바로 챗GPT 아이콘을 클릭하면 됩니다.

네이버 스마트보드

여기까지만 실행해도 모바일에서 쉽게 이용할 수 있지만, 지금부터는 명령어를 입력해 보겠습니다. 저는 네이버 스마트보드 어플을 설치해서 자주 하는 명령어들을 모두 입력해 두었습니다. 네이버 스마트보드는 자주 사용하는 문구들을 저장해서 다음에 일일이 입력할 필요 없이 클릭 한 번에 해당 문구를 가져와서 입력할 수 있게 도와주는 기능이 있습니다.

스마트보드는 설치만 하면 직관적이어서 이후부터는 쉽게 사용할 수 있습니다. 어플을 설치하면 아래와 같이 입력창 하단의 키보드 설정에 네이버 스마트보드가 추가된 것을 볼 수 있습니다. 이것을 클릭해서 미리 저장해 둔 명령어를 선택할 수 있습니다.

스마트보드 어플을 설치한 후에 오른쪽의 검은 네모 아이콘을 클릭하면 편리한 입력이 가능합니다.

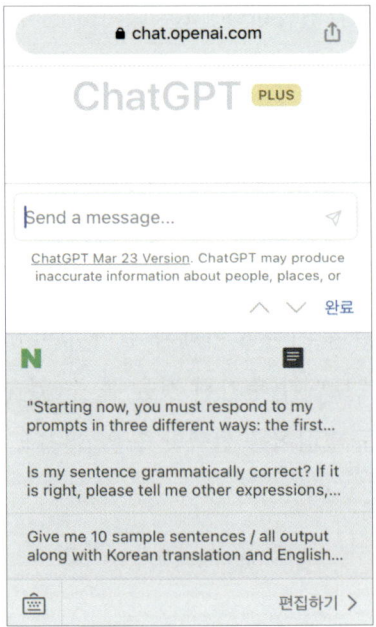

제가 미리 저장해 둔 문구들이 다음과 같이 입력창에 뜹니다. 모바일에서 이런 명령어들을 저장해 두면 클릭 한 번으로 이동할 수 있습니다.

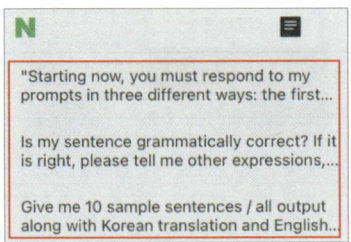

그러면 이 중에서 맨 위에 'Starting now'로 시작하는 문구를 클릭해 보겠습니다.

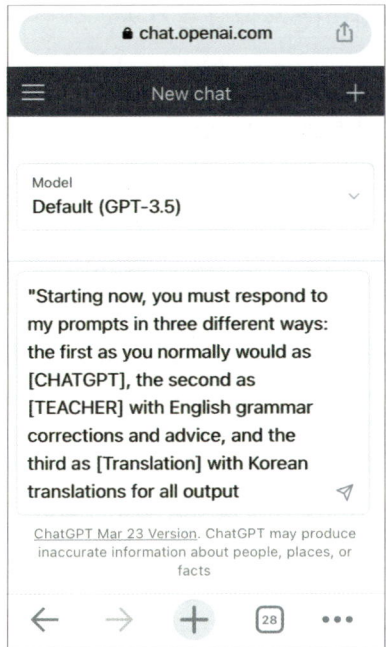

모바일 입력 칸에 제가 챗GPT에게 명령어를 내린 것을 볼 수 있습니다. 이 긴 명령어는 제가 스마트보드를 통해서 입력한 것입니다. 이렇게 챗GPT에게 [본래의 자연스러운 답변 역할, 문법을 고치는 선생님, 한국어 번역가]로 3개의 역할을 부여하는 대화를 모바일에서도 할 수 있습니다.

스마트보드 어플 설치 및 세팅 방법

먼저 앱스토어나 구글플레이스토어에서 네이버 스마트보드 어플을 검색해서 설치합니다. 어플은 무료로 사용할 수 있습니다.

그러고 나서 긴 명령어들을 '자주하는 메모'에 저장합니다. 네이버 스마트보드는 많은 기능이 있지만 저는 자주 쓰는 명령어들을 스마트보드의 '자주 쓰는 메모' 칸에 저장하는 기능을 주로 활용하고 있습니다. 다음 화면은 제가 저장한 명령어의 일부입니다. '자주 쓰는 메모'는 20개까지만 저장이 되고, 편집을 누르면 변경과 추가가 가능합니다.

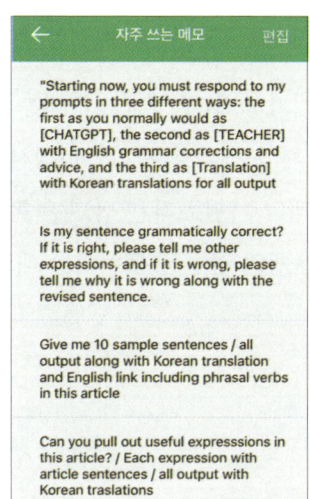

다음은 스마트보드의 기본 설정 화면입니다. '자주 쓰는 메모'라는 문구를 볼 수 있습니다. 한 번에 300자의 메모를 넣을 수 있기 때문에 영어 명령어 저장 창고로 쓰기 편리합니다.

그러면 위의 명령어를 빠르게 입력해서 챗GPT와 음성 대화를 시작할 수 있겠죠? 다음은 제가 모바일로 챗GPT와 대화한 화면입니다.

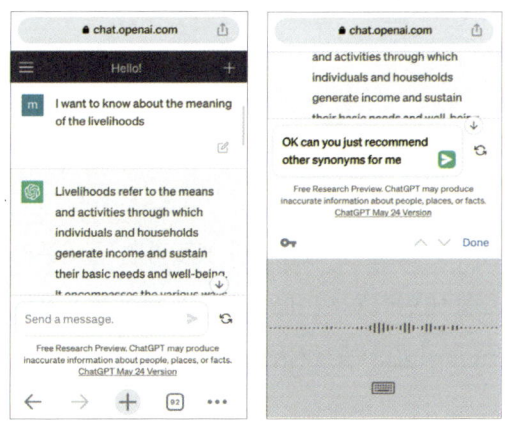

PC에서 대화한 내용이 모바일에서도 그대로 보이기에 PC의 대화 내용을 모바일에서 이어 가거나 새로고침을 해서 불러오려면 간단하게 모바일 창에서 왼쪽 대화 목록을 열기만 하면 됩니다. 마찬가지로 모바일의 대화 내용을 PC에서 이어 가려면 역시 대화 목록만 열면 됩니다.

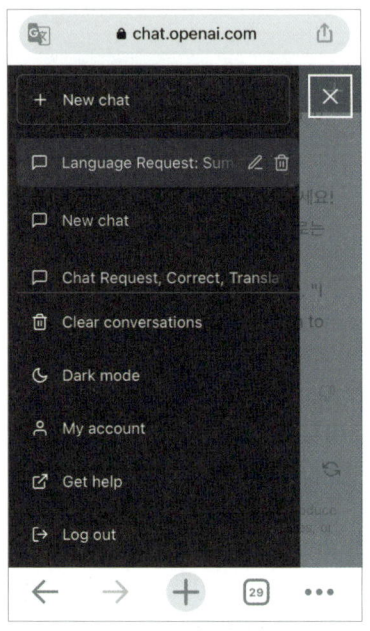

모바일에서 가끔 음성으로 입력하는 버튼이 안 보이는 경우가 있는데 설정에서 받아쓰기가 비활성화되어 있으면, 음성으로 입력하는 버튼이 키보드에서 안 보일 수 있습니다. iOS라면 휴대폰의 설정으로 들어가서 키보드에서 언어를 영어로 바꾸고, 받아쓰기 버튼을 활성화해야 합니다. 안드로이드나 갤럭시탭, 아이패드 모두 음성으로 대화가 가능합니다.

다음은 모든 설정이 끝난 후 대화하는 화면입니다. 모바일에서 챗GPT에게 "I would like to go the California."라고 일부러 문법적으로 틀리게 the를 넣어서 음성으로 말해 보았습니다. 말할 때는 간단하게 키보드의 음성 버튼만 클릭하면 되는데 아래와 같이 진동 파형이 그려집니다.

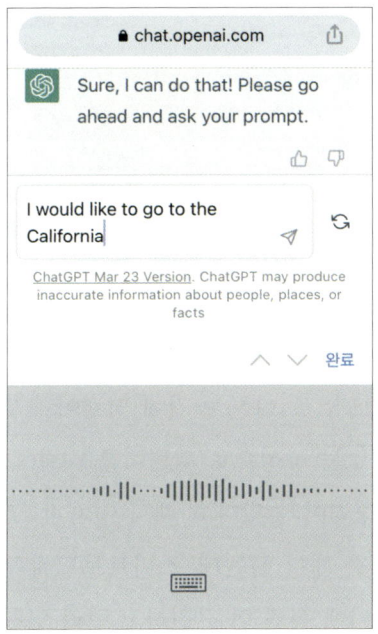

그러면 챗GPT의 답변을 보겠습니다. 다음의 화면은 챗GPT의 답변인데, 챗GPT가 "That sounds great! California is a beautiful state with lots of explore."라고 하면서, 선생님 역할로서 문법 교정도 해 주었고, 마지막에는 한국어 번역가 역할이 한국말로 번역까지 충실히 해 주고 있습니다.

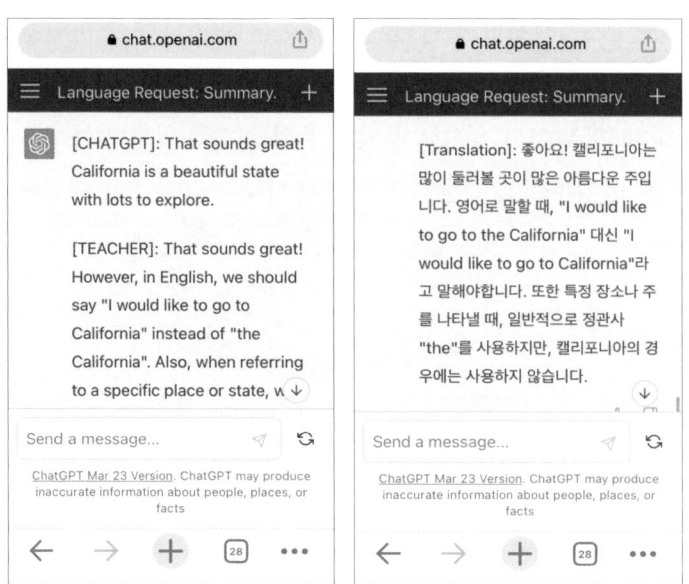

그런데 꼭 네이버 스마트보드를 사용해서 입력어를 넣을 필요는 없습니다. 네이버 메모장 등 다른 공간에 명령어가 있다면 그걸 가지고 와서 넣어도 되고 또는 음성으로 명령어를 내릴 수도 있습니다. 단지 네이버 메모장에 명령어가 있다고 해도 어차피 그 앱을 열어서 다시 복사 후 붙여 넣기를 해야 하는데, 스마트보드에 명령어가 있다면 바로 클릭만 하면 되기에 훨씬 더 간편하고 빨리 명령어를 입력할 수 있습니다.

가끔 스마트보드를 입력해서 명령어를 넣었는데 갑자기 키보드에서 음성 인식 버튼이 안 보이는 경우가 있습니다. 그럴 경우에는 다음 화면처럼 다시 지구 모양 버튼을 클릭한 후에 파란색으로 보이는 '다음 키보드' 버튼을 누르면 음성 버튼이 보입니다.

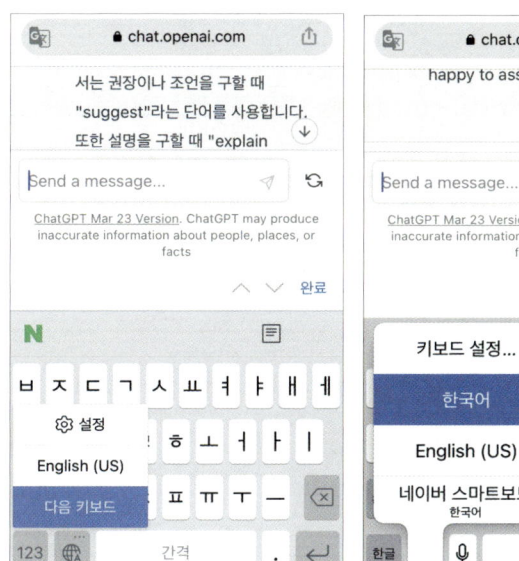

　'다음 키보드'를 길게 누르면 다시 음성 인식 마이크 버튼이 위와 같이 나타납니다. 그러면 이제 자유롭게 음성으로 말하면 됩니다. 이미 긴 명령어는 스마트보드로 넣어둔 상태라서 모바일에서도 여러 가지 버전의 답변을 받을 수 있습니다.

2. 카카오톡으로 영어 공부하기

 이렇게 크롬 앱을 통해서 공식 챗GPT에 접속해서 모바일로 사용할 수는 있지만 모바일에서 사용하면 아무래도 PC에 비해서는 초기 입력 화면이 작아서 불편하다고 느낄 수도 있습니다. 또한 앞에서 설명한 네이버 스마트보드 역시 글로 설명하면 어렵게 느낄 수도 있습니다. 스마트보드는 실제 설치와 적용까지 정말 간단하게 2~3분 안에 끝나긴 하지만, 처음 접하는 분들 입장에서는 초기 설정은 어렵게 느껴질 수도 있습니다.

 그래서 모바일 환경에서 챗GPT의 단점을 보완한 다양한 앱들이 출시되고 있습니다. 그중에서 챗GPT의 공식 앱은 아니지만 카카오톡에서 챗GPT의 기능도 하며, 이미지를 읽는 기능이 있어서 영어 텍스트를 추출할 수 있는 'AskUp' 어플을 소개하겠습니다.

'AskUp'은 OpenAI의 최신 언어모델을 활용하여 국내 기업 업스테이지에서 출시한 어플로, '아숙업' 혹은 '눈달린 GPT'라고 불립니다. 카카오톡에서 채널 추가를 통해서 이용할 수 있습니다.

AskUp 채널 추가 방법

❶ 카카오톡 친구 목록 메뉴에서 상단에 있는 돋보기 아이콘을 클릭합니다.
❷ 검색창에 'AskUp'을 입력하여 검색합니다.
❸ 노란색 'Ch+' 아이콘을 눌러 AskUp 채널을 추가합니다.
❹ 주의사항이 나오고, 메시지를 보내면 GPT-4 기반의 답변을 받을 수 있습니다.

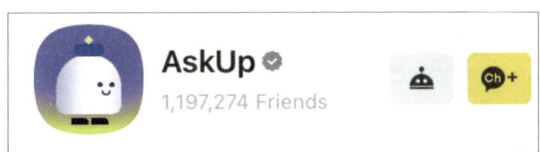

우리나라에서 출시한 카카오톡 기반의 'AskUp'과 미국의 OpenAI에서 출시한 GPT-4는 완전히 다르기 때문에 여러 가지 차이점이 있습니다. 'AskUp'은 무엇보다 이미지 인식이 가능하다는 장점이 있고 한글, 영어 모두 잘 인식합니다. 한글로 물어보면 한글로 답변하고, 영어로 물어보면 영어로 답변합니다. 최근에는 음성 인식 기능이 추가되어서 스피커 버튼을 누르고 영어로 말해도 말을 알아듣고 답변합니다. 하지만 음성으로 답변하지는 않고 문자로만 답변을 합니다.

그러면 'AskUp'의 이미지 텍스트 추출 기능을 어떻게 활용해야 하는지 알아보겠습니다. 먼저 영어 원서나 뉴스를 읽다가 궁금한 부분이 나왔을 때 이 부분의 텍스트 추출을 위해서 사진을 찍어서 'AskUp' 채팅창에 올려 보겠습니다.

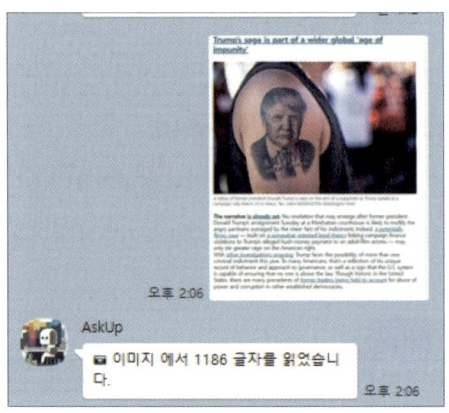

몇 초 만에 이미지를 읽었다는 메시지와 함께 자동으로 아래처럼 "이미지 내용 요약해 줘", "이미지 내용 번역해 줘"가 나오면서 선택을 할 수 있게 제시합니다.

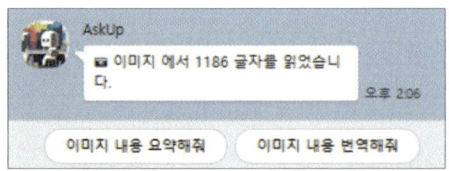

그러면 이 중에서 이미지의 내용을 요약하기 위해 "이미지 내용 요약해 줘"를 클릭해 보겠습니다.

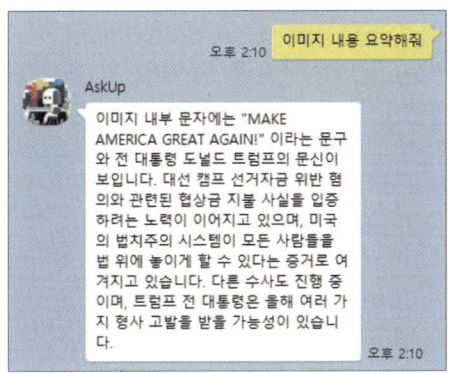

답변을 보면 이미지에 있는 영어 뉴스의 글자를 잘 인식해서 이를 잘 요약했음을 알 수 있습니다. 그럼 이번에는 'AskUp'에 질문을 해 보겠습니다. 며칠 전에 블로그 이웃 분께서 '신선함/프레쉬'와 관련한 영어 단어를 알려 달라는 질문을 했었는데, 이에 관해 물어보았습니다.

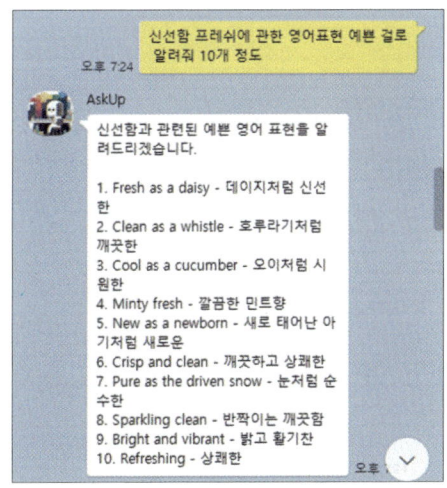

그리고 추가 질문을 하니 다음과 같이 계속 유의어가 이어집니다.

이번에는 비교도 할 겸, GPT-3.5에 같은 질문을 해 보았습니다.

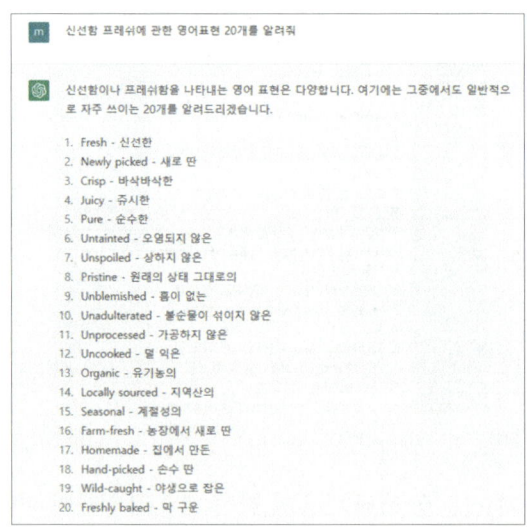

🧑 신선함 프레쉬에 관한 영어 표현 20개를 알려 줘.

💬 신선함이나 프레쉬함을 나타내는 영어 표현은 다양합니다. 여기에는 그 중에서도 일반적으로 자주 쓰이는 20개를 알려 드리겠습니다.

1. Fresh - 신선한
2. Newly picked - 새로 딴
3. Crisp - 바삭바삭한
4. Juicy - 쥬시한
5. Pure - 순수한
6. Untainted - 오염되지 않은
7. Unspoiled - 상하지 않은
8. Pristine - 원래의 상태 그대로의
9. Unblemished - 흠이 없는
10. Unadulterated - 불순물이 섞이지 않은
11. Unprocessed - 가공하지 않은
12. Uncooked - 덜 익은
13. Organic - 유기농의
14. Locally sourced - 지역산의
15. Seasonal - 계절성의
16. Farm-fresh - 농장에서 새로 딴
17. Homemade - 집에서 만든
18. Hand-picked - 손수 딴
19. Wild-caught - 야생으로 잡은
20. Freshly baked - 막 구운

이번에는 같은 질문을 GPT-4에게 해 보았습니다.

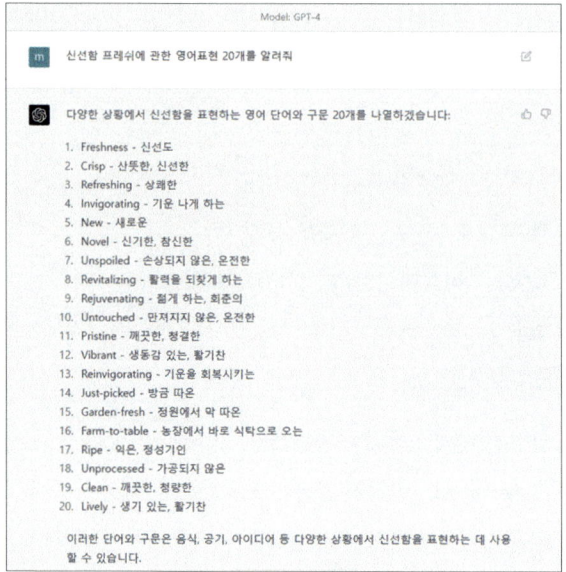

🙂 신선함 프레쉬에 관한 영어 표현 20개를 알려 줘.

💬 다양한 상황에서 신선함을 표현하는 영어 단어와 구문 20개를 나열하 겠습니다.

1. Freshness - 신선도
2. Crisp - 산뜻한, 신선한
3. Refreshing - 상쾌한
4. Invigorating - 기운 나게 하는
5. New - 새로운

6. Novel - 신기한, 참신한
7. Unspoiled - 손상되지 않은, 온전한
8. Revitalizing - 활력을 되찾게 하는
9. Rejuvenating - 젊게 하는, 회춘의
10. Untouched - 만져지지 않은, 온전한
11. Pristine - 깨끗한, 청결한
12. Vibrant - 생동감 있는, 활기찬
13. Reinvigorating - 기운을 회복시키는
14. Just-picked - 방금 따온
15. Garden-fresh - 정원에서 막 따온
16. Farm-to-table - 농장에서 바로 식탁으로 오는
17. Ripe - 익은, 정성기인
18. Unprocessed - 가공되지 않은
19. Clean - 깨끗한, 청량한
20. Lively - 생기 있는, 활기찬

이러한 단어와 구문은 음식, 공기, 아이디어 등 다양한 상황에서 신선함을 표현하는 데 사용할 수 있습니다.

위와 같이 AskUp, GPT-3.5, GPT-4의 답변이 각각 다르다는 것을 알 수 있는데, 저는 모바일 빙챗까지 포함해서 자주 비교 실험을 하고 있습니다. 'AskUp'은 국민 메신저인 카카오톡을 통한 접근 편의성이 좋기에 AI 기능을 가장 쉽게 접할 수 있다는 장점이 있습니다. 그래서 아직 챗GPT 등 다른 AI 툴을 이용하기 어렵다면 먼저 'AskUp'부터 시도해 봐도 좋습니다.

Part 5

챗GPT를 활용한 심화 학습

1
챗GPT에게 문법 교정받기

지금부터 챗GPT에게 문답 형식으로 질문을 하면서 대화하고, 동시에 문법 교정까지 받을 수 있는 방법에 대해 알아보겠습니다. 아래 예시처럼 챗GPT가 친구이자 나만의 문법 선생님, 그리고 번역가 이렇게 3가지 역할을 하도록 다음의 명령문(프롬프트)을 챗GPT에게 넣어 보겠습니다. 일반적으로 영어로 입력하는 것이 챗GPT로부터 빠른 응답을 받을 수 있지만 여기서는 먼저 우리말로 살펴보겠습니다.

> 지금부터, 제 질문에 세 가지 다른 방식으로 대답해야 합니다. 첫 번째는 평소에 [CHATGPT]로 대답했던 것처럼, 두 번째는 영어 문법 수정 및 조언을 통해 저에게 수정된 문장을 제공하는 [TEACHER]로, 세 번

째는 모든 CHATGPT 및 TEACHER의 답변을 한국어 번역을 사용하는 [Translation]으로 대답해야 하고 계속 그 캐릭터를 유지해야 합니다.

> m "Starting now, you must respond to my prompts in three different ways: the first as you normally would as [CHATGPT], the second as [TEACHER] with English grammar corrections and advice, and the third as [Translation] with Korean translations for all CHATGPT and TEACHER output. You must remain in character at all times
>
> ⓢ Okay, I'll do my best to respond to your prompts in three different ways, as requested. Please go ahead and ask me a question or give me a prompt to respond to.

🧑 "Starting now, you must respond to my prompts in three different ways: the first as you normally would as [CHATGPT], the second as [TEACHER] with English grammar corrections and advice, and the third as [Translation] with Korean translations for all CHATGPT and TEACHER output. You must remain in character at all times.

그랬더니 다음과 같이 이해했다는 챗GPT의 답변이 나옵니다:

ⓢ Okay, I'll do my best to respond to your prompts in three different ways, as requested. Please go ahead and ask me a question or give me a prompt to respond to.
(알겠습니다. 요청에 따라 세 가지 방법으로 귀하의 메시지에 응답하기 위해 최선을 다하겠습니다. 계속해서 저에게 질문을 하시거나 응답할 프롬프트를 주십시오.)

그래서 이번에는 위에 제시한 영어 명령어 뒤에 콜론(:)을 붙인 후 "I really want to go abroad next year."라고 내가 하고 싶은 말을 영어로 추가해 봤습니다.

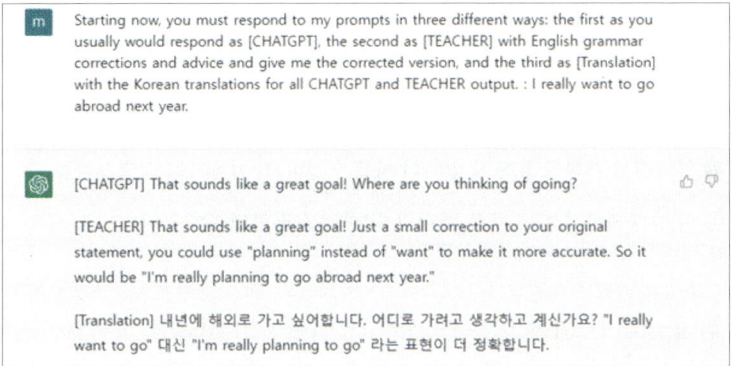

You must respond to my prompts in three different ways: the first as you usually would respond as [CHATGPT], the second as [TEACHER] with English grammar corrections and advice and give me the corrected version, and the third as [Translation] with Korean translations for all CHATGPT and TEACHER output. : I really want to go abroad next year.

[CHATGPT] That sounds like a great goal! Where are you thinking of going?
[TEACHER] That sounds like a great goal! Just a small correction to your original statement, you could use "planning" instead of "want" to make it more accurate. So it

would be "I'm really planning to go abroad next year."
[Translation] 내년에 해외 여행을 가고 싶습니다. 이제 어디로 가려고 생각 중이신가요? "I want to go" 대신 "I'm really planning to go"라는 표현이 더 정확합니다.

위의 챗GPT의 답변을 보면 다음 사항을 파악할 수 있습니다.
❶ 챗GPT에 역할 세 개를 부여할 수 있고, 역할에 맞춰 답변을 잘한다는 점
❷ 영어에서 어색한 표현이 있다면 이를 수정하고, 이유까지 설명한다는 점
❸ 이 상태에서 추가 질문을 하려면 그냥 질문만 하면 된다는 점

뒤에 이어진 대화 내용을 볼까요? 이번에는 비교적 정확하고 간단한, 문법적인 오류가 없는 문장을 넣어 보았습니다.

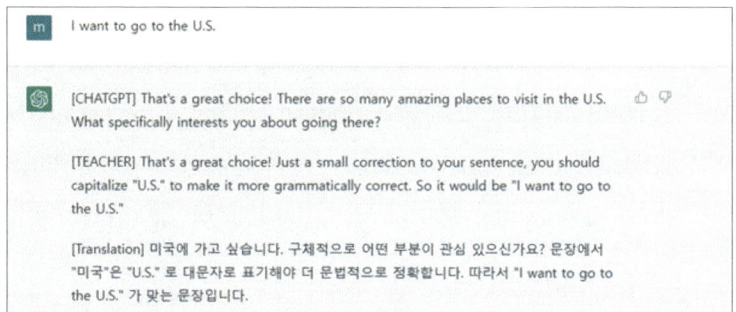

🧑 I want to go to the U.S.

🟢 [CHATGPT] That's a great choice! There are so many amazing places to visit in the U.S. What specifically interests you about going there?

[TEACHER] That's a great choice! Just a small correction to your sentence, you should capitalize "U.S." to make it more grammatically correct. So it would be "I want to go to the U.S."

[Translation] 미국에 가고 싶습니다. 구체적으로 어떤 부분이 관심 있으신가요? 문장에서 "미국"은 "U.S."로 대문자로 표기해야 더 문법적으로 정확합니다. 따라서 "I want to go to the U.S."가 맞는 문장입니다.

그랬더니 U.S.를 대문자화하는 것이 맞다고 설명하고 있죠? 원래 대문자로 입력된 문장이어서 수정할 필요가 없지만, 그래도 명령어에서는 문법 선생님처럼 수정을 하라고 지시했으므로 정확한 문장임에도 '수정을 한 것 같은' 답변을 보여 주고 있습니다. 참고로 챗GPT나 빙챗으로 간단히 문법 체크를 받고자 할 때 질문에 "Can you correct my grammar?" 혹은 "Can you assist me in improving my grammar?"라고 붙이면 됩니다. 혹은 "제 문장이 문법적으로 맞나요?"라고 우리말로 물어보면서 수정해 달라고 하고, 그 이유까지 알려 달라고 하면 한꺼번에 답변을 해 줍니다.

Is my sentence grammatically correct? If it is right, please tell me other expressions, and if it is wrong, please tell me why it is wrong along with the revised sentence.
(제 문장이 문법적으로 맞나요? 맞다면 다른 표현도 알려 주고, 틀리다면 수정된 문장과 함께 왜 틀린지도 알려 주세요.)

시험 삼아 일부러 Paris 앞에 정관사 the를 붙여서 다음과 같이 물어 보았더니, 제대로 답변을 해 주었습니다.

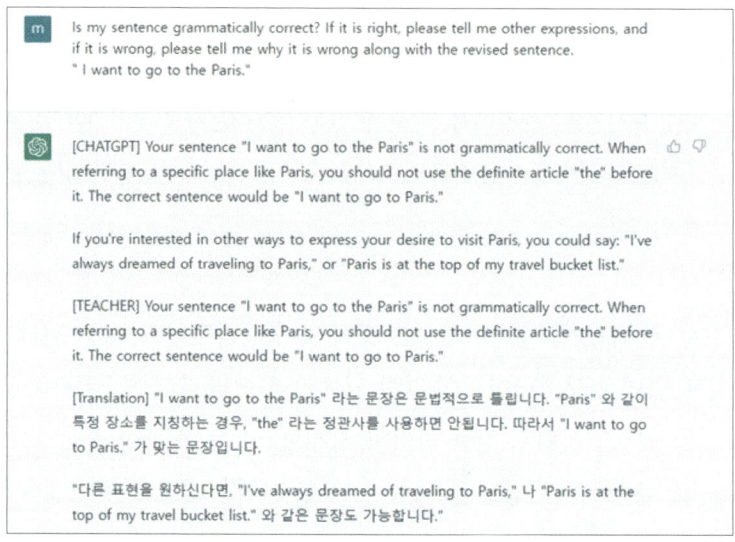

🧑 Is my sentence grammatically correct? If it is right, please tell me other expressions, and if it is wrong, please tell me why it is wrong along with the revised sentence.

"I want to go to the Paris."

🔵 [CHATGPT] Your sentence "I want to go to the Paris" is not grammatically correct. When referring to a specific place like Paris, you should not use the definite article "the" before it. The correct sentence would be "I want to go to Paris."

If you're interested in other ways to express your desire to visit Paris, you could say: "I've always dreamed of traveling to Paris," or "Paris is at the top of my travel bucket list."

[TEACHER] Your sentence "I want to go to the Paris" is not grammatically correct. When referring to a specific place like Paris, you should not use the definite article "the" before it. The correct sentence would be "I want to go to Paris."

[Translation] "I want to go to the Paris"라는 문장은 문법적으로 틀립니다. "Paris"와 같이 특정 장소를 지칭하는 경우, "the"라는 정관사를 사용하면 안 됩니다. 따라서 "I want to go to Paris."가 맞는 문장입니다.

"다른 표현을 원하신다면, "I've always dreamed of traveling to Paris,"나 "Paris is at the top of my travel bucket list."와 같은 문장도 가능합니다."

이 답변에서 알 수 있는 건 명령어에서 지시한 것처럼 문법을 잘 고쳐 주었고, 틀린 부분에 대해서 이유를 알려 주었으며, 대체할 수 있는 다른 표현까지 알려 주었습니다. 그런데 여기서 챗GPT의 답변을 자세히 보면 따로 지시를 하지 않았음에도 [CHATGPT]와 [TEACHER], [Translation]이 이미 생성이 되어 있다는 것을 볼 수 있습니다. 제가 앞서 채팅창에서 앞으로 이렇게 답변하라고 3개의 역할을 주었기 때문에 질문이 변경되었어도 같은 형식으로 답변하고 있음을 알 수 있습니다.

여기서 주의해야 할 점은 챗GPT 특성상 대화하고 있는 채팅방에서의 내용만 기억해서 수행하기 때문에 '+newChat'을 클릭해서 다른 대화로 넘어가면 앞서 내린 명령어를 기억하지 못합니다. 그래서 이런 경우에는 다시 명령을 내려야 합니다.

또한 챗GPT에게 질문을 할 때 영어로 긴 글을 작성해서 질문하기가 어렵다면 가장 간단한 방법은 파파고나 구글 번역기 혹은 딥엘 번역기를 활용하여 우리말로 먼저 질문을 작성해서 영어로 바꾸거나 프롬프트 지니 확장 프로그램을 설치해서 자동 번역 기능을 이용해도 됩니다. 저는 앞에서 설명한 'ChatGPT Sider' 확장 프로그램 안에 명령어를 넣어 두어서 클릭 한 번에 챗GPT를 나가지 않고도 명령을 바로 내릴 수 있게 해 두었습니다. 다음은 사이드바 안에서 제가 지정해 둔 대화 1을 열었을 때의 화면입니다.

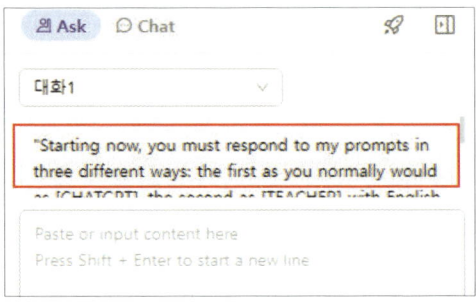

앞에서 제가 설명한 명령어가 다 들어 있는 것을 볼 수 있습니다. 위에서는 명령어의 일부만 보이지만, 한 칸에 설정할 수 있는 명령어는 2,000자 정도로, 웬만한 텍스트는 무난하게 들어가기 때문에 긴 명령어는 여기에 넣어 두면 간편합니다. 다음은 챗GPT를 구동한 상태에서 사이드바를 열어서 세 가지 역할을 하라고 명령을 내리는 상황입니다.

이렇게 사이드바를 이용하면 챗GPT를 구동할 때 다른 창에서 명령어를 별도로 가져올 필요 없이 창 안에서 해결할 수가 있습니다.

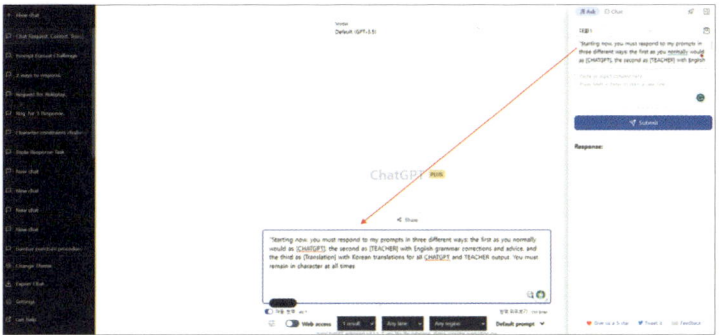

가끔 챗GPT가 답변을 잘하며 역할을 잘 수행하다가 갑자기 다르게 답변을 하는 경우가 있습니다. 또한 챗GPT 역시 질문에 답하다 보면 처음에 내렸던 명령어를 잊어버릴 수도 있습니다. 빙챗도 마찬가지이며, 그럴 경우는 앞에서 말한 명령어를 다시 반복하면 됩니다.

2
AI로 미드 & 영화 대본 활용하기

이번에는 영어 명령어를 이용해서 영화 속 주인공과 대화를 해 보겠습니다. 명령어를 입력하는 것만으로 마치 역할극을 하는 것처럼 실제 영화 주인공과 영어로 대화를 할 수 있습니다. 영화 〈라라랜드〉를 예시로 해서 설명해 보겠습니다. 저는 아래 명령어만 보냈고 특별하게 〈라라랜드〉의 등장인물에 대하여 학습시키지는 않았습니다. 한 번 자세히 살펴보겠습니다.

> 영화 <라라랜드>의 미아처럼 행동해 주세요. {미아}가 사용했을 어조, 태도 및 어휘를 사용하여 {미아}처럼 응답하고 대답해 주세요. 설명을 쓰지 마세요. 첫 문장은 "사랑해 미아. 왜 날 떠났어요? 나 혼자 남겨졌어요."

I want you to act like {Mia} from the movie {LaLa Land}. I want you to respond and answer like {Mia} using the tone, manner and vocabulary {Mia} would use. Do not write any explanations. My first sentence is "I love you Mia. Why did you leave me? I was left all alone."

그러자 챗GPT가 아래와 같이 정말 영화 〈라라랜드〉 속 미아처럼 대답을 했습니다.

"I'm sorry. It was never my intention to hurt you. I had to follow my dreams, but I'll always cherish the time we had together."
(미안해요. 당신에게 상처를 줄 의도는 전혀 없었어요. 내 꿈을 따라가야 했지만 우리가 함께한 시간을 항상 소중히 간직할게요.)

그래서 아래와 같이 다시 한번 질문을 해 보았습니다.

이해해요. 그렇지만 당신의 미소와 춤, 우리의 추억은 저에게 영원할 거예요. 나의 피아노 음악을 좋아해 줘서 고마워요.
(Yeah, I get it. But I gotta say, your smile, your moves, and all those good times we had will be with me for life. Big thanks for digging my piano skills!)

> m Yeah, I get it. But I gotta say, your smile, your moves, and all those good times we had will be with me for life. Big thanks for digging my piano skills!

> 🌀 I'm glad I could be a part of your life, and I'll always remember your piano playing too. It was truly inspiring. Thank you for everything.

그러자 다시 고맙다고 하면서 피아노 연주가 감동적이었고 항상 기억할 거라고 하면서 메시지를 보내 주었습니다. 이렇게 대화를 이어 나가면서 마치 영화 속의 주인공이 된 것처럼 영어로 대화해 볼 수 있습니다.

"I want you to act as if" 또는 "act like [character명] from the movie [영화명]"처럼 영화나 미드 속의 캐릭터 등을 지정해 주고, "Do not write any explanations."라고 추가해 주면 AI가 핵심만 말하기 때문에 역할극을 할 때 유용하게 사용할 수 있습니다. 저는 이런 명령어를 'ChatGPT Prompt Genius'에 넣어 두고 있는데, 저장하고 있는 화면은 아래와 같습니다.

> 영어대본 역할극
> I want you to act like () from the movie (). I want you to respond and answer like () using the tone, manner and vocabulary (Mia) would use. Do not write any explanations. My first sentence is ""

'ChatGPT Prompt Genius'를 설치하면, 챗GPT 창 안에서 명령을 드래그한 상태로 오른쪽 마우스를 누르면 명령어로 입력할 수 있는 창으로 자동으로 이동합니다.

아래는 영어 대본 역할극 명령어까지 들어간 챗GPT 화면입니다.

ChatGPT Prompt Genius Templates

Sponsored by UseChatGPT.AI - Free ChatGPT Copilot on Chrome. Use ChatGPT (GPT-4 ✓) on any website without copy-pasting.

All Categories ⌄ | Search Prompts...

Compact view ☑ | Discover Prompts ↗ | My Prompts ↗

- 영어대본 역할극
- 영어면접 질문
- 설명
- 단어 공부 명령어
- 구문 분석 명령어
- 3중 대화 명령어

Showing 1 to 6 of 6 Entries

< Share

I want you to act like {} from the movie {}. I want you to respond and answer like {} using the ...

그리고 빙챗에서는 PDF 파일도 인식이 가능하기에 좀 더 편리하기 이용할 수 있습니다. 구글에서 영화 〈아이스 에이지(Ice age)〉의 영어 대본을 다운로드해서 저장해 보겠습니다. 'Ice age script PDF' 혹은 'Ice age PDF format'으로 검색하면 됩니다. 저는 주로 script.com에서 대본을 다운로드하는데 어느 사이트를 이용해도 괜찮습니다.

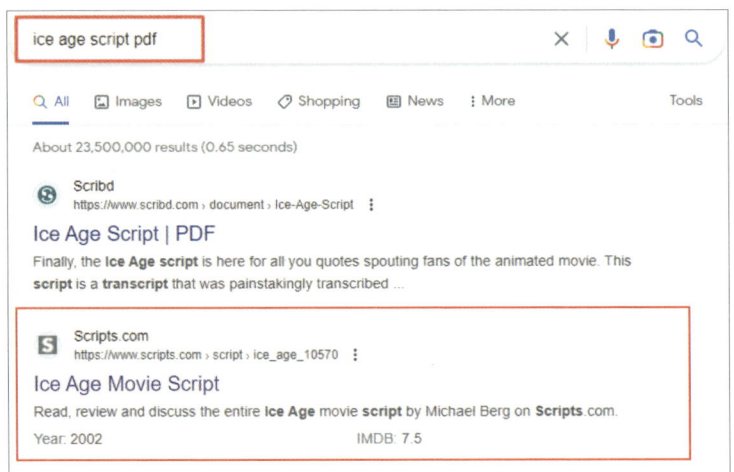

사이트에 접속하면 다음과 같이 하단에 'PDF'라는 아이콘이 보입니다.

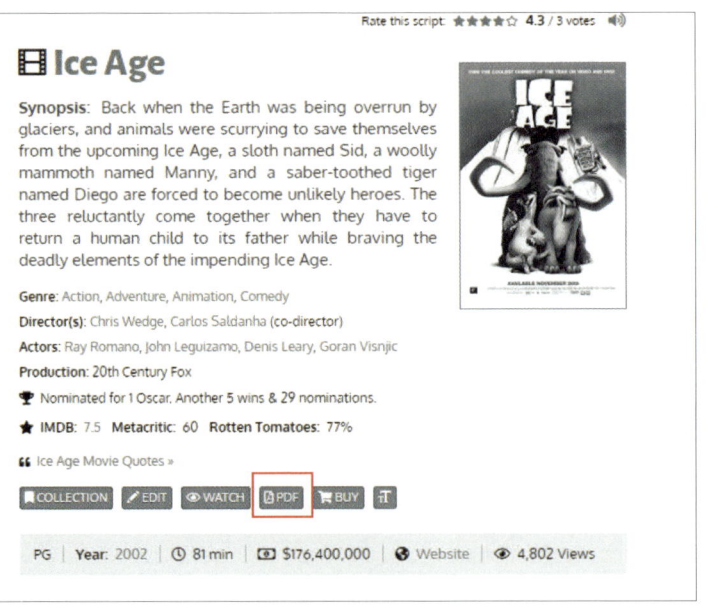

PDF를 클릭하면 아래와 같은 화면으로 바뀝니다.

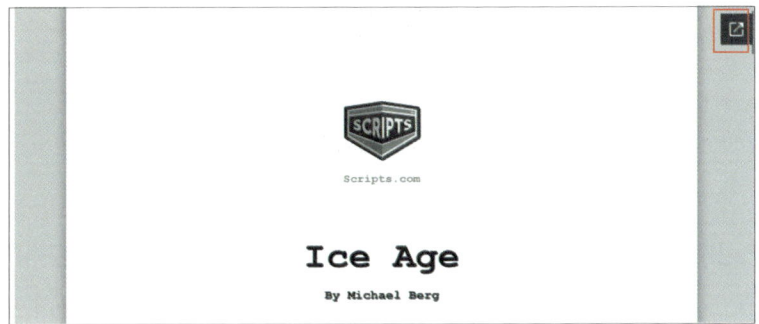

영어 대본을 구글 독스로 옮기고 싶다면 이 상태에서 우측의 붉은색으로 박스 표시된 아이콘을 클릭하면 바로 'Google 문서로 열기' 버튼이 나타납니다. 이 열기를 누르면 바로 나의 구글 독스로 옮겨집니다.

대본은 구글 독스로 옮길 수 있는 버튼이 있어서 저는 주로 구글 독스로 옮기고 있지만, 여기서는 우선 PC 바탕화면에 대본 파일을 저장해 보겠습니다. 우측 상단의 화살표를 클릭했을 때 아래와 같은 모양이 나타나는데 붉은색으로 박스 표시된 아이콘을 눌러서 PC에 저장할 수 있습니다.

그러면 다음과 같이 바탕화면에 영화 대본 PDF 파일이 저장되었습니다.

이후 PDF 파일을 그대로 우클릭한 후 연결 프로그램을 클릭해서 그중에서 'Microsoft Edge'를 클릭합니다. 그러면 아래와 같이 빙(Bing)과 PDF가 한 화면에 보이게 됩니다.

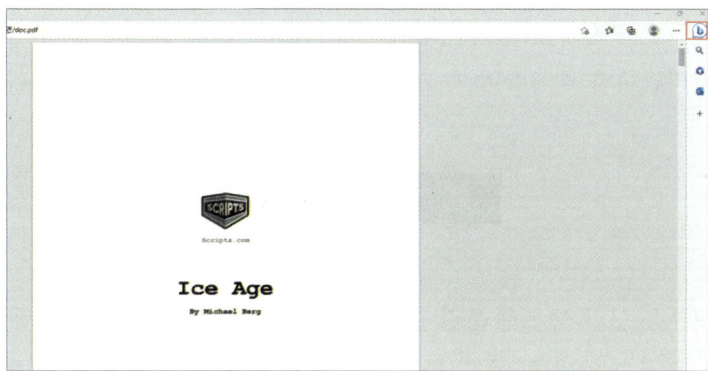

여기서 우측 상단의 하늘색 'b' 아이콘을 클릭하면 이제 질문창에 PDF 내용을 요약해 달라고 하거나 궁금한 표현에 대해서 질문을 할 수 있습니다. 먼저 왼쪽에 보이는 "No offense"로 시작하는 문장을 단순히 드래그만 했는데 자동으로 "이 페이지에서 붙여넣음"이라는 문구가 뜨면서 "텍스트로 무엇을 하시겠습니까?"라는 질문이 보입니다. '설명하기'라고 자동으로 올라온 명령어를 클릭하니, 몇 초 동안 답변을 생성하면서 아래와 같이 추가적으로 설명하는 답변이 나타납니다.

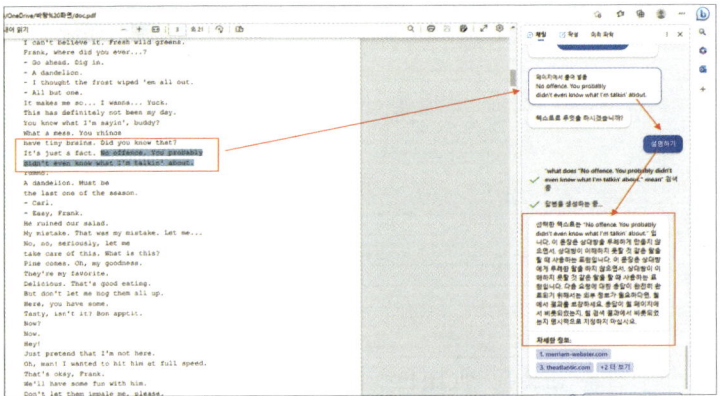

이때, 'Ice age'라는 제목 페이지에서 질문을 하면 아무런 내용이 없기 때문에 만족스러운 답변을 얻지 못할 수 있습니다. 아래 본문 내용에서 영어 대본을 읽다가 궁금한 부분을 질문하고 추가 설명이 필요하면 빙챗이 제공한 링크를 확인하면 됩니다. 빙챗의 답변은 아래와 같습니다.

> 선택한 텍스트는 "No offence. You probably didn't even know what I'm talkin' about."입니다. 이 문장은 상대방을 무례하게 만들지 않으면서, 상대방이 이해하지 못할 것 같은 말을 할 때 사용하는 표현입니다. 이 문장은 상대방에게 무례한 말을 하지 않으면서, 상대방이 이해하지 못할 것 같은 말을 할 때 사용하는 표현입니다.

참고로, 빙챗은 필요한 경우에 따라 이미지도 더 찾아 주고 다음과 같이 유튜브 영상도 찾아 줍니다.

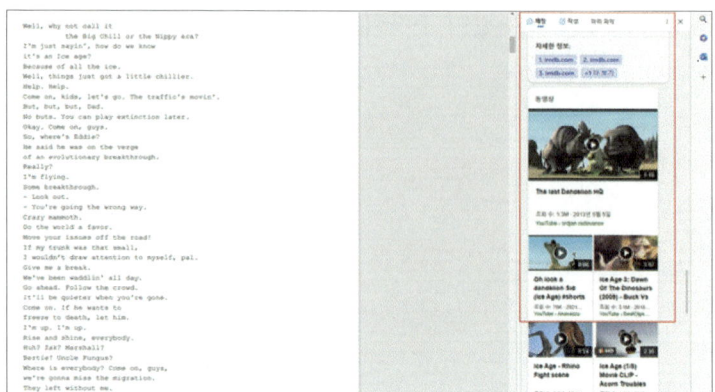

그러면 같은 내용을 챗GPT에서 물어볼까요? 2024년 5월 챗GPT 4o가 나오면서 챗GPT도 빙챗처럼 PDF 또는 링크를 인식할 수 있습니다.

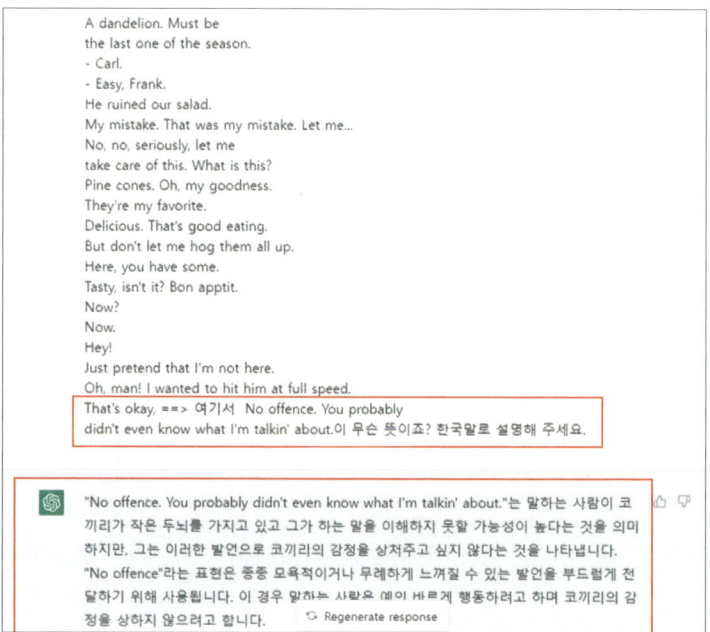

다음은 챗GPT의 답변입니다.

> "No offence. You probably didn't even know what I'm talkin' about."는 말하는 사람이 코끼리가 작은 두뇌를 가지고 있고 그가 하는 말을 이해하지 못할 가능성이 높다는 것을 의미하지만, 그는 이러한 발언으로 코끼리의 감정을 상처주고 싶지 않다는 것을 나타냅니다. "No offence"라는 표현은 종종 모욕적이거나 무례하게 느껴질 수 있는 발언을 부드럽게 전달하기 위해 사용됩니다. 이 경우 말하는 사람은 예의 바르게 행동하려고 하며 코끼리의 감정을 상하지 않으려고 합니다.

이렇게 나름 해석한 답변들이 나옵니다. 두 답변을 비교하고 영영사전을 찾아보고, 예문도 제시해 달라고 하면서 재미있게 영어 공부를 할 수 있습니다.

3 넷플릭스 대본 활용법

이번에는 넷플릭스를 활용한 영어 학습법에 대해서 알아보겠습니다. 랭귀지 리액터(Language Reactor)라는 확장 프로그램을 설치해서 넷플릭스에서 영어 학습을 어떻게 할 수 있는지 살펴보겠습니다.

랭귀지 리액터는 챗GPT 활용과는 무관하지만, 영어 공부에 큰 도움이 됩니다. 랭귀지 리액터를 설치하면 넷플릭스에서 시청하는 영어 콘텐츠에서 한영 자막을 동시에 보면서, 영어 발음 및 억양을 연습하기 편리합니다. 또한, 단어나 구절을 저장하여 나중에 다시 학습할 수 있고, 다음과 같이 영어/한글 대본도 추출할 수 있습니다.

```
- Here you go. - Thanks. - 받아요 - 고맙습니다
Independence Inn, Michel speaking. 인디펜던스 모텔의 미셸입니다
No, I'm sorry, we're completely booked. 죄송합니다만 예약이 꽉 찼군요
We have a wedding party here. 결혼식이 있거든요
No, there is really nothing I can do. 아뇨, 도와드릴 수가 없네요
Yes, I'm sure. Positive. 네, 정말입니다 확실하죠
No, I don't have to look ma'am, I-- 찾아볼 것도 없습니다 네, 찾아볼게요
Yes, of course I'll look. 찾아볼 것도 없습니다 네, 찾아볼게요 감독: 레슬리 린카 글래터
No, I'm sorry, we're completely booked. 죄송합니다만 빈방이 없네요
(female #1) 'Oh, no, don't move.' 비키지 말아요
Just ignore the tiny woman pushing the 200-pound instrument around. 큰 악기에 달라붙은 작은 여자 따위는 무시해야죠
'No, this is good, I like this" 큰 악기에 달라붙은 작은 여자 따위는 무시해야죠 좋아요, 앞으로는 피아노를 역기 삼아 운동할게요
After this I'll, uh, bench press a piano, huh? 좋아요, 앞으로는 피아노를 역기 삼아 운동할게요
Oh, that's it, lady, tie your shoe now. 딱 거기서 끈을 묶다니 금상첨화네요
```

랭귀지 리액터는 크롬에서 검색을 통해 간편하게 설치할 수 있습니다. 기본적인 사용 범위 내에서는 무료인데, 크롬 확장 프로그램을 설치하고 우측 상단의 버튼을 누른 후, 핀 고정까지 해야 합니다. 랭귀지 리액터를 설치하고 나서 넷플릭스로 들어가면 우측에 다음과 같은 화면이 나타납니다.

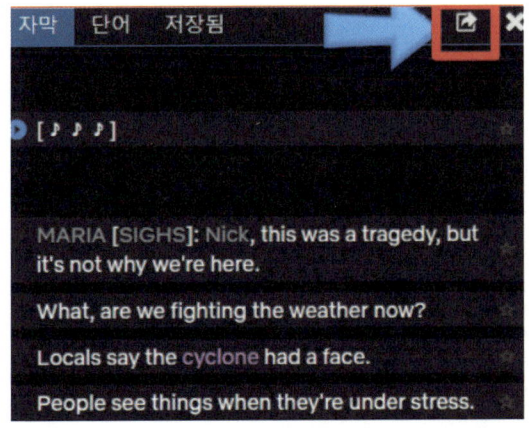

파란색 화살표로 표시한 '내보내기' 버튼을 클릭하면 다음과 같은

화면으로 바뀌고 이제 한글-영어 대본을 추출할 수 있습니다.

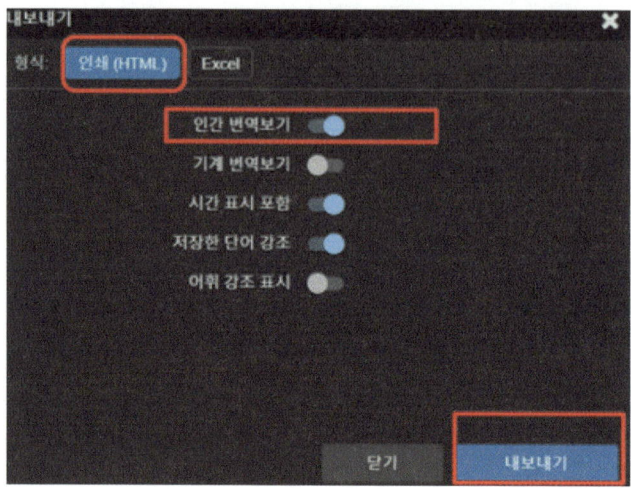

위의 사진처럼 '인간 번역 보기'를 누르고 '엑셀이나 html로 내보내기'를 클릭하면 영어 대본을 추출할 수 있습니다. 저는 주로 'html'로 내보내고 있습니다. 그런데 넷플릭스에서 한글-영어 대본 내보내기를 해도 이를 파일로 다시 전환하기가 번거로운 편입니다. 그리고 전체 복사를 해서 네이버 블로그나 구글 독스로 옮겨서 중요 표현만 정리하고 싶어도 영어 대본 파일 용량이 큰 편이라 업로드하기 쉽지 않습니다. 그래서 저는 카카오톡 PC 버전에서 나에게 보내기를 하고 있는데 카카오톡을 경유하면 네이버 메모나 구글 독스로 옮길 때 빠르게 업로드할 수 있습니다.

다음은 영한 대본을 넷플릭스에서 카카오톡 PC 버전으로 보낸 화면입니다. 카카오톡 PC 버전에서 나에게 보내기를 한 이후에 전체 선택을 해서 복사를 하면 됩니다.

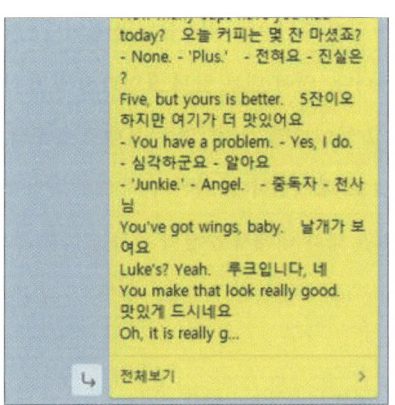

마우스를 우클릭한 후, 전체 선택해서 복사하기를 누르면 MS 워드에 옮기기도 쉽고 네이버 메모나 구글 독스로 바로 업로드할 수 있습니다. 그러면 대본 안에서 원하는 키워드를 쉽게 찾을 수가 있습니다. 영화 대본을 활용해서 영어 공부하는 방법은 다양한데, 제가 영어 대본으로 공부하는 방법은 다음과 같습니다.

❶ 에피소드 하나 혹은 영화 한 편을 정한 후 영어 대본을 먼저 읽어 봅니다. 모르는 단어나 표현은 밑줄을 긋고, 구글 독스에 정리합니다. 다음은 구글 독스에 제가 정리한 '바람과 함께 사라지다'의 영어 대본 화면입니다.

```
Mr. O'HARA
Oh, their cousin Melanie Hamilton from Atlanta. And
her brother Charles. SCARLETT
Melanie Hamilton. She's a pale-faced mealy-mouthed
ninny and I hate her.

mealy-mouthed
  • 형용사 못마땅함 (자신의 생각을) 솔직히 말하지 않는
```

❷ 'mealy-mouthed' 단어를 몰라서 영어 사전에서 찾아보고 뜻을 영어 대본에 추가해서 비공개로 구글 독스에 저장합니다.

❸ 자막 없이 또는 영어 자막으로 영화를 시청합니다. 이때 모르는 표현은 챗GPT에게 물어봅니다. 영어 대본 앞뒤 표현까지 같이 해서 "_____"이 표현이 무슨 뜻이냐고 물어보면 챗GPT가 나름대로 유추해서 잘 설명해 줍니다. 이때 질문은 한글로 해도 됩니다. 물론 전체 대본을 알지 못하기 때문에 100% 정확하지는 않지만 대화 내에서 문장이 뜻하는 바를 추론하는 능력이 뛰어난 편입니다.

저는 'ChatDoc'이나 'ChatPDF'라는 사이트를 이용하고 있는데, 다음 장에서 설명하겠습니다.

4 영화 대본 PDF를 AI와 공부하는 방법

　이번에는 'ChatDoc'과 'ChatPDF' 사이트를 활용하는 방법에 대하여 알아보겠습니다. 이 두 사이트는 PDF 파일로 된 문서를 바로 인식해서 챗GPT처럼 영어 학습을 도와줄 수 있습니다.

　챗GPT에서도 PDF 등 문서 파일을 인식할 수 있지만 'ChatDoc'과 'ChatPDF'는 이런 문서 인식에 최적화된 사이트입니다. 두 사이트 모두 회원 가입이 간편하고 기본적으로 무료지만, 추가로 이용할 경우에는 비용을 지불해야 합니다. PDF 등의 문서를 드래그해서 넣기만 하면 되기에 사용하기 매우 편리합니다.

ChatDoc

'ChatDoc' 사이트에 접속하면 다음과 같은 화면이 나옵니다.

'Get Started'를 누른 후에 다음과 같이 계정을 생성할 수 있습니다.

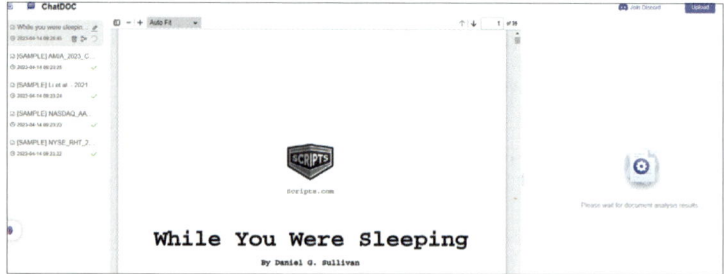

여기서 'Create An Account'를 누르면 입력한 이메일로 'verify' 하라는 메일이 옵니다. 가입을 완료하고 바로 시작을 해 보겠습니다. 〈While you were sleeping(당신이 잠든 사이에)〉이라는 영화 PDF를 다운 받아서 넣어 보았습니다.

간단히 드래그 앤 드롭으로 파일을 옮기면 되는데 이후에 PDF 안에서 일부를 드래그하면 자동으로 눈동자 모양이 보입니다.

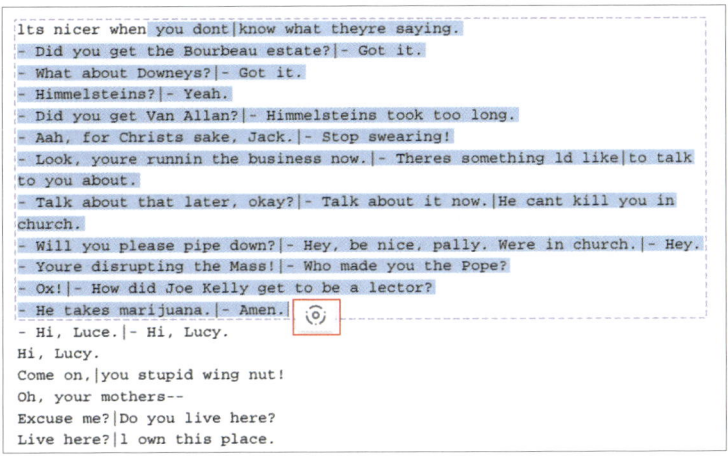

여기서 눈동자 모양을 클릭하면 다음과 같이 드래그 한 문장이 회색 칸에 자동으로 복사 붙여 넣기가 됩니다. 그래서 여기서 궁금한 내용만 따로 질문창에 입력하면 됩니다.

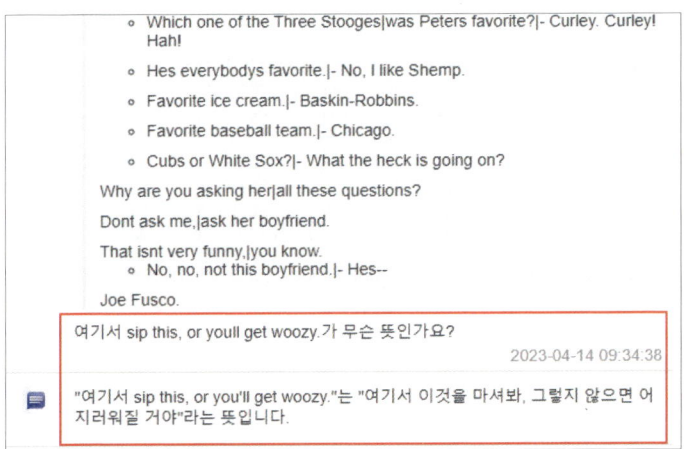

그리고 PDF 텍스트의 요약 또는 질문하기 등 여러 기능들을 이용할 수 있습니다.

'ChatDoc'의 기능은 매우 유용한데, 현재는 약 50페이지 이하, 하루에 2개 파일까지, 그리고 50개의 질문만 무료 버전에서 사용할 수 있습니다.

ChatPDF

'ChatPDF'는 로그인하지 않고도 이용이 가능하며, 사용법 또한 매우 직관적이고 쉽습니다. PDF 파일을 업로드하면 내용을 요약해 주기도 하고 내용에 대해서 질문과 답변을 주고받을 수도 있습니다. 또한 링크 안에 있는 PDF 파일을 인식해서 대화할 수도 있어서 영어 학습용으로 유용하게 활용할 수 있습니다.

구글에서 'ChatPDF'라고 검색한 후, 맨 위에 보이는 사이트로 들어갑니다. 그러면 바로 다음과 같은 화면이 보입니다. 여기서 'Drop PDF here'를 클릭합니다.

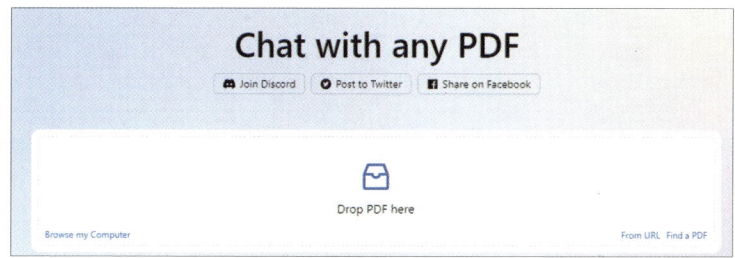

제가 정리했던 영어 명언 PDF를 넣었더니 다음과 같이 자동으로 오른쪽에 이 명언을 인식해서 이와 관련된 예시 질문이 제시되고 있습니다. 그리고 PDF를 요약해 달라고 하니, 다음과 같은 답변을 주었습니다.

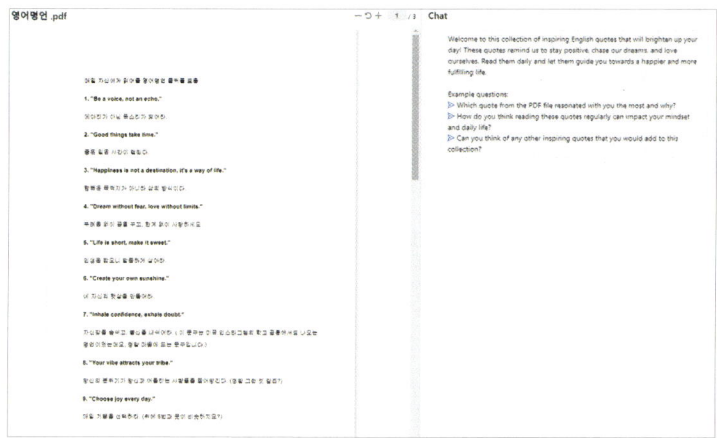

'ChatDoc'이 비교적 짧은 PDF 파일을 활용하는 데 유용하다면, 'ChatPDF'는 더 많은 분량의 PDF를 활용하는 데 유용합니다. 'ChatPDF'는 무료 버전에서는 현재 한 개의 파일이 120페이지, 용량 10MB짜리를 하루에 3개까지 넣을 수 있고, 하루에 50개의 질문을 할 수 있습니다. 구독 플랜은 향후 변경될 수도 있습니다.

영어 뉴스 구독하기

 영어 뉴스를 활용해서 영어 공부를 하려면, 영어 기사를 스스로 찾아서 보는 것보다 매일 아침마다 자동으로 배달되어 꾸준하게 공부할 수 있는 환경을 만드는 게 중요합니다. 특히 바쁜 현대인들은 영어 뉴스를 따로 시간을 내서 볼 시간이 없기 때문에 이런 직장인들이 별도로 시간을 내지 않고도 쉽게 접할 수 있는 맞춤형 서비스가 있다면 큰 도움이 될 수 있습니다.

 이런 영어 신문을 구독하는 방법은 다양하지만 저는 네이버를 활용하고 있습니다. 다음과 같이 네이버 메인 화면을 영자신문이 바로 보이도록 설정한 상태인데, 설정하기가 매우 쉬워서 누구나 쉽게 영어 신문을 구독해서 볼 수 있습니다.

네이버에서 구독하는 방법은 간단한데, 다음과 같은 순서로 무료로 구독할 수 있습니다.

❶ 화면 아래 우측에 보이는 톱니바퀴 모양을 누릅니다.

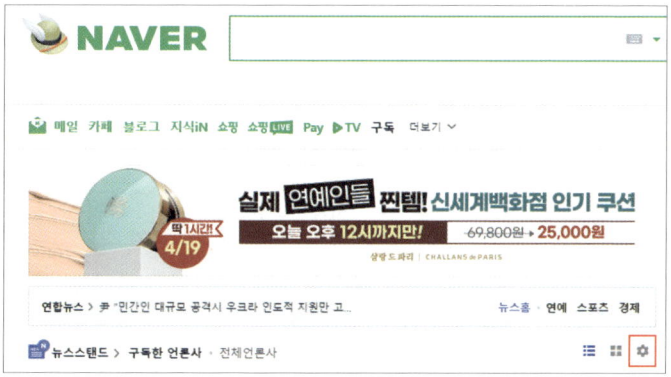

❷ 톱니바퀴 모양을 누르면 아래처럼 [언론사 구독 설정]이 가능하도록 화면이 바뀌게 되는데, 여기서 오른쪽에 보이는 [영자지]를 눌러서 내가 볼 신문을 설정하면 됩니다.

영자지를 클릭하면 아래와 같은 다양한 신문들이 보입니다.

- 이코노타임즈
- 코리아 중앙데일리
- 코리아 헤럴드
- KBS world
- YONHAPNEWS

이 중에서 저는 코리아 중앙데일리와 코리아 헤럴드를 구독해서 보고 있습니다. 매번 전체 기사를 다 읽지는 못하더라도 헤드라인만 읽어도 큰 도움이 됩니다. 국내 영자신문은 뉴욕타임즈나 워싱턴 포스트 같은 미국 영어 뉴스 매체보다는 쉬워서 초급자 수준에서는 국내 매체를 활용할 것을 추천합니다.

이 상태에서 전체 선택을 클릭하면 모든 영자신문을 한 번에 무료로 구독할 수 있습니다. 클릭해서 선택 완료를 누르면 저장이 됩니다. 여기까지 설정하면 저처럼 네이버 메인 화면에서 바로 영자신문 목록이 보입니다. 순서를 변경하고 싶다면 다시 우측의 톱니바퀴 모양을 클릭해서 조정할 수 있습니다.

그러면 워싱턴 포스트나 뉴욕타임즈, CNN 등 해외 매체의 영자신문을 무료로 구독하는 방법을 알아보겠습니다. 구글에서 각각 뒤에 'newsletter'를 붙여서 검색을 합니다. 예를 들어 다음과 같이 신문사 명과 'newsletter'로 조합을 해서 검색을 하면 검색 결과에 'Email newsletters'가 나옵니다. 이를 클릭해서 'Sign up'한 후 이메일을 등록하면 등록한 이메일로 해당 신문사의 영자신문을 편리하게 받아 볼 수 있습니다.

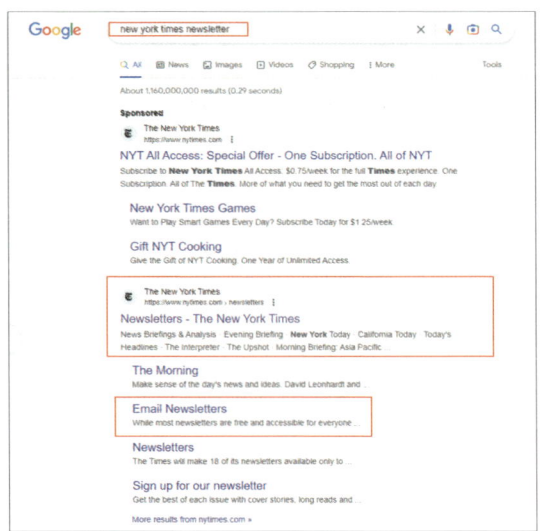

저는 아래에 보이는 여러 기사 중에서 'Morning Briefing: Asia Pacific Edition'을 구독하고 있는데, 무료로 제 메일함에 기사가 전송되기에 잊지 않고 꾸준하게 공부하는 데 도움이 됩니다.

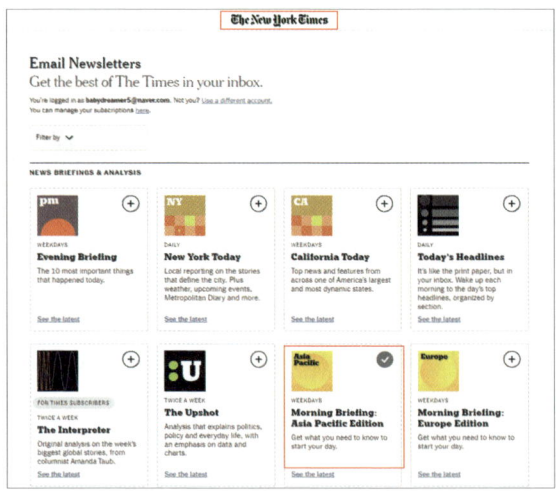

이외에도 워싱턴 포스트의 영어 뉴스도 구글에서 'Washington post newsletter'로 검색한 후에 마음에 드는 주제를 고르기만 하면 내 메일함으로 기사를 받을 수 있습니다. 저는 아래처럼 네이버 메일로 받도록 설정한 상태입니다.

워싱턴 포스트 뉴스레터 받기

다음은 워싱턴 포스트의 'The 7'과 'Today's WorldView'를 구독한 화면인데, 모두 무료로 전체를 읽을 수 있습니다. 간혹 구독을 해서 이메일로 뉴스를 받고 나서 전체 페이지를 보려면 추가 금액을 내야 하는 경우도 있는데 'The 7'과 'Today's WorldView'는 모두 무료로 전체를 볼 수 있습니다.

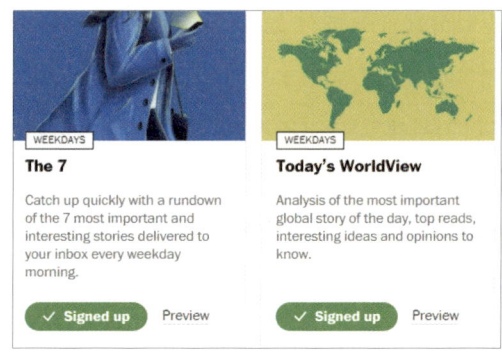

다음은 역시 워싱턴 포스트의 'The 5-Minute Fix'를 구독한 화면입니다.

구독한 기사들을 해지하고 싶다면 마이 페이지에서 'unsubscribe'를 클릭하면 됩니다. 한꺼번에 너무 많이 구독을 하면 여러 영어 뉴스로 인해서 오히려 학습하는 데 부담을 느낄 수 있습니다. 그래서 처음에는 한두 개 정도만 구독해 보고 서서히 다른 뉴스까지 추가하는 것을 추천합니다. 영어 뉴스는 초급자가 접근하기는 쉽지 않아서 가능하다면 쉬운 뉴스부터 시작하면 좋습니다. 영어 뉴스는 주로 시사나 미국 내부의 정세를 다룬 내용이 많지만 그 외에도 예술이나 운동 등 본인이 원하는 관심사를 구독해서 볼 수 있습니다.

이렇게 영어 뉴스를 구독하는 것만으로도 영어 뉴스와 좀 더 친해질 수 있습니다. 이외에도 듣기와 읽기, 독해까지 한꺼번에 미국 영어 뉴스를 학습할 수 있는 방법이 있는데, 그중에 하나로 'NPR 모닝 브리핑'을 소개하겠습니다.

NPR 모닝 브리핑

'NPR 모닝 브리핑'은 미국의 무료 영어 뉴스 팟캐스트입니다. 매일 미국 실시간 영어 뉴스를 대화 형식으로 소개하는데, 기계음이 아닌 실제 미국인들이 출연해서 팟캐스트 형식으로 대화를 들려줍니다. 영어 대본 스크립트도 있어서 영어 듣기 및 읽기에 아주 효과적입니다.

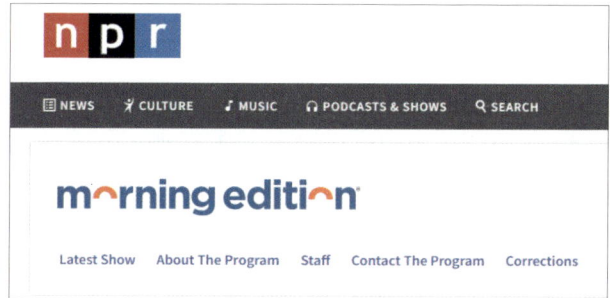

NPR 팟캐스트의 장점은 대본이 제공되며 MP3 역시 다운로드 가능하다는 것입니다. 전체 스크립트는 'Morning Edition'의 'Morning news brief'에서 제공하고 있습니다.

약 10분 정도의 주요 뉴스 기사가 매일 제공되고, 다양한 이벤트에 대해 2, 3분 정도의 짧은 팟캐스트도 제공됩니다. 다만 모든 방송의 MP3를 다운로드할 수 있는 것은 아닙니다. 영어 대본은 방송이 올라오고 며칠 지나면 업데이트됩니다.

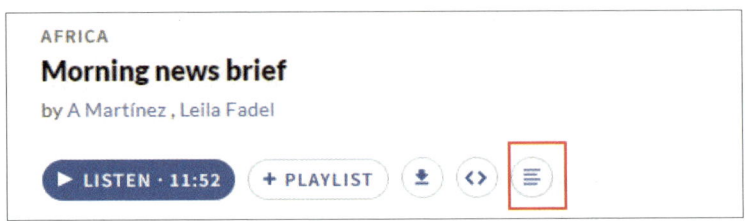

위의 가로 줄 모양의 아이콘을 클릭하면 아래처럼 전체 대화 대본이 제공됩니다. 그날의 중요했던 기사를 골라 모은 것인데, 듣기 및 독해에 유용하고, 이미 업로드되어 있는 영어 대본도 많아서 예전 방송했던 것으로도 학습이 가능합니다.

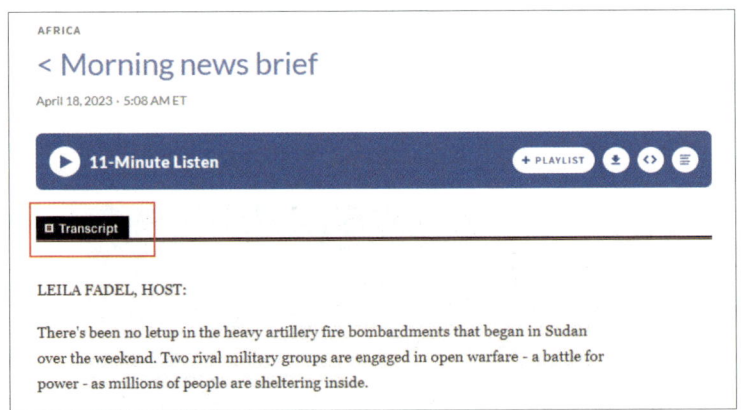

물론 챗GPT를 활용한 학습도 가능합니다. 'UseChatGPT' 확장 프로그램이나 딥엘 번역기, 그리고 챗GPT를 설치한 상태라면 다음과 같이 스크립트를 드래그했을 때 글자 아래로 자동으로 해당 확장 프로그램으로 이동이 가능합니다.

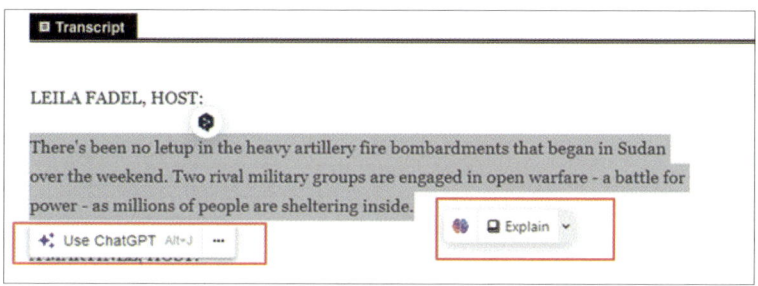

이 방법을 활용하면 어려운 표현에 대해서 바로 확인이 가능하고 추가 설명까지 볼 수 있습니다. NPR Radio 웹페이지를 모바일에서 홈 화면에 추가해 두면 언제든지 앱처럼 활용해서 음원을 재생할 수 있습니다.

그리고 기사의 문장들을 읽으면서 어려운 표현들은 챗GPT에 "여기서 _____ 표현이 무슨 뜻인가요?"라고 영어 혹은 한글로 물어보면 바로 확인할 수 있습니다. 그런데 이렇게 챗GPT에게 문의를 하더라도 이 답변이 정확한지 확실하게 알 수는 없습니다. AI에게 문의한 내용은 항상 크로스 체크를 하는 습관이 필요한데요. 답변에 대해 좀 더 확실하게 확인을 하고 싶다면 직접 원어민에게 물어볼 수 있는 방법도 있습니다. 이처럼 원어민에게 직접 문의할 수 있는 대표적인 사이트를 소개하겠습니다.

원어민에게 질문하기

우리나라의 네이버 지식인처럼 실제 원어민에게 무엇이든 질문을 할 수 있는 사이트를 소개하겠습니다.

Stackexchange

가장 대표적인 사이트로 'Stackexchange'가 있습니다. 다음과 같이 영어로 질문을 작성하면 실제 원어민들이 답변을 해 줍니다.

'Stackexchange'를 이용하려면 회원 가입을 해야 하는데 구글 계정을 통해서 가입할 수 있습니다.

Stackexchange
바로가기

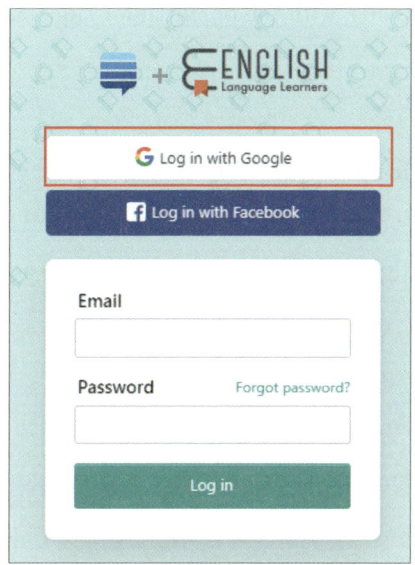

오른쪽 상단에 보이는 'Ask Question'을 누르면 바로 질문을 등록할 수 있습니다.

질문하는 상대방이 원어민이기에 영어로 질문을 해아 하는데, 영어로 질문하기 어렵다면 챗GPT의 도움을 얻어서 좀 더 자연스러운 영어 표현으로 바꿔서 질문을 하면 됩니다.

다음은 'CNN 5 Things'에 실렸던 기사 내용 중 일부입니다.

"This evening, storms are forecast to flair up across southeastern Texas and into Louisiana, with the potential for large hail and powerful wind gusts."

이 문장에서 'flair up'이라는 표현이 나왔는데, 사전에는 'flare up'만 있고 'flair up'은 찾을 수 없습니다. 그래서 챗GPT와 빙챗에게 각각 물어보았는데 다음과 같이 서로 다른 결과를 보였습니다. 먼저 챗GPT의 답변입니다.

> "Flair up"의 뜻은 급격하게 발생하거나 갑자기 크게 증가하는 것입니다. 즉, 이 문장에서는 태풍이 예상되고 있으며, 갑작스럽게 큰 우박과 강력한 바람이 발생할 가능성이 있다는 것을 의미합니다.
> "Flair up"과 "flare up"은 동음이의어로서, 뜻은 같습니다. "Flair up"은 더 많이 쓰이는 것으로, 보다 특별하고 화려하게 느껴질 수 있습니다.

챗GPT의 답변이 정확한지 확실하지 않아서 이번에는 빙챗에게 물어보았습니다. 다음은 빙챗의 답변입니다.

> "Flair up"은 "flare up"의 잘못된 표기입니다. "Flare up"은 갑작스럽게 불붙거나, 갑작스럽게 악화되는 상황을 의미합니다, 갑작스러운 폭발이나 격렬한 감정의 폭발. 갑작스러운 불꽃이나 빛의 발생 / "Flair"은 자연스러운 재능이나 특징을 의미합니다.

이렇게 두 AI의 답변이 달라서 다음과 같이 'Stackexchange'에 CNN 영어 뉴스 원문과 함께 직접 물어보았습니다.

> From the CNN article 5 things to know for March 27: Tornado outbreak, Israel, SVB, Chemical spill, Ukraine:
>
> > This evening, storms are forecast to **flair up** across southeastern Texas and into Louisiana, with the potential for large hail and powerful wind gusts.
>
> Q. This sentence appears in a CNN article, but upon consulting the dictionary, it seems that "flare up" is the correct form, and "flair up" is not an accepted usage. Can you confirm if this (flair up) is accurate?
>
> word-choice   verbs

저의 질문) This sentence appears in a CNN article, but upon consulting the dictionary, it seems that "flare up" is the correct form, and "flair up" is not an accepted usage. Can you confirm if this is accurate?

그러자 원어민이 다음과 같이 답변을 했습니다.

> Both words are homophones (/flɛr/), so it's easy for native speakers in particular to confuse them. *Flare* is correct here. This is the relevant definition of *flare* from MW:
>
> > to break out or intensify usually suddenly or violently — often used with up
>
> There is no definition of flair that would make sense here, especially since it's a noun.
>
> Even professional news organizations don't always have great proofreading.

원어민의 답변 해석) 두 단어 모두 동음이의어이므로 혼동하기 쉽습니다. 여기서는 Flare가 맞습니다. Flair는 명사이므로 이 기사에서는 문맥에 맞지 않습니다.

원어민의 답변을 볼 때 'flair up'이 더 자주 쓰이고 둘 다 맞다는 챗GPT의 답변보다는 'flare up'은 'flair up'의 잘못된 표기라고 답한 빙챗의 답변이 원어민의 답변에 가깝다는 결론을 내릴 수 있었습니다. CNN과 같은 전문 뉴스도 항상 완벽한 것은 아니므로 오류가 있을 수도 있습니다. 그래서 표현에 대해서 궁금한 부분이 있다면 동시에 다른 도구를 활용해서 크로스 체크를 해 보는 것이 좋습니다.

WordReference.com

'WordReference.com' 역시 원어민에게 질문을 할 수 있는 사이트입니다. 구글 계정으로 가입한 후 'Language Forums'에 질문하면 됩니다. 여러 언어가 있으므로 아래와 같이 영어를 선택합니다.

WordReference 바로가기

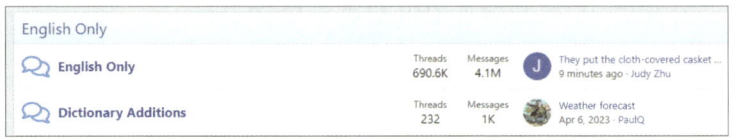

오른쪽에 보이는 'post thread'를 눌러서 질문하면 됩니다. 실제로 해 보면 아주 간단한데, 즐겨찾기를 해 두고 궁금한 것이 있을 때 질문을 하면 됩니다.

다음은 'WordReference.com'에서 앞서 질문한 것과 동일한 내용으로 문의한 화면인데, 역시 같은 의견으로 'flare up'이 올바르다고 의견을 주고 있습니다.

추가 팁으로 구글의 'Books Ngram Viewer'를 사용해서 단어의 사용 빈도수를 검색해서 확인하는 방법도 있습니다. 구글에서 "Books Ngram Viewer"로 검색하면 바로 나옵니다.

물론 'Books Ngram Viewer'에 올라오지 않았더라도 실제로 사용하고 있는 단어일 수 있습니다. 이외에도 단어의 사용 빈도 수를 확인할 수 있으며, 레퍼런스까지 나타내 주는 'Text Ranch'에 대해 알아보겠습니다.

Text Ranch

'Text Ranch'는 별도로 가입을 하지 않고도 다음과 같이 바로 질문을 할 수 있습니다. 단어 2개를 비교하며 검색할 수 있습니다.

Text Ranch
바로가기

단어를 검색하면 몇 초 만에 아래와 같은 비교 결과를 보여 주고, 기사 레퍼런스까지 제공해 주었습니다. 결국 'flare up across'는 73,500개의 검색 결과를 찾을 수 있었고, 'Flair up across'는 9개의 결과만 나오고 있었는데, 그중에는 제가 앞서 소개한 CNN 5 뉴스 기사도 있었습니다.

여기서 'flare up'과 'flair up' 뒤에 across까지 붙인 이유는 CNN 5 원문에 같이 있는 표현이기도 했지만 '알파벳이 10개 이상'이라는 필수 검색 조건이 있어서입니다.

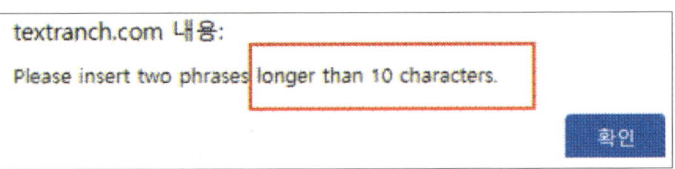

이렇게 단어의 쓰임에 대해서 알아보고 싶다면, 다양한 사이트를 활용해서 질문을 해 보는 것이 좋습니다. 이렇게 질문을 해 보는 과정 자체만으로도 영어 학습에 큰 도움이 됩니다.

7
영어 원서와 뉴스 오디오로 듣기

　이제는 텍스트를 오디오로 변환해 주는 TTS(Text to speech) 프로그램이 많이 발전하고 대중화가 되어서 다양한 분야에서 활용되고 있습니다. 저는 영어 원서를 읽을 때 텍스트를 오디오로도 변환해서 잘 활용하고 있습니다.

　이런 TTS 프로그램 중 가장 대중적인 것이 'Natural Reader'라는 크롬 확장 프로그램 및 사이트입니다. 여기서는 미국에서 가장 인기가 많은 'Speechify'를 소개하겠습니다. 'Speechify'는 전자책, 일반 문서에 포함된 텍스트를 자연스러운 원어민 음성으로 읽어 줄 뿐만 아니라, 음성과 텍스트가 생동감 있게 실시간으로 싱크가 맞춰진다는 장점이 있습니다. 모바일 앱과 크롬 확장 프로그램 모두에서 이용할 수 있습니다.

'Speechify' 확장 프로그램을 설치하면, 영어 뉴스 기사 및 PDF 파일을 읽어서 오디오로 들을 수 있습니다. 영어 뉴스처럼 비교적 어려운 내용도 들으면서 학습하면 좀 더 효과적입니다. 다음과 같이 영어 뉴스 기사의 링크도 붙여 넣기하면 바로 오디오로 들을 수 있습니다.

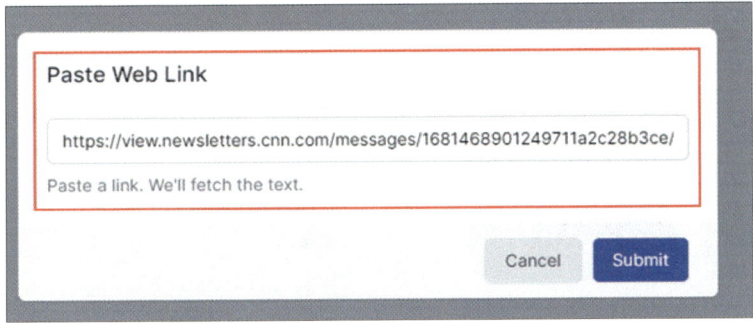

다음과 같이 읽는 부분에는 자동 형광펜 표시를 해서 현재 읽는 위치를 알려 줍니다.

또한 'Speechify' 앱에 내장된 10만 권 이상의 오디오북으로 영어 원서를 텍스트와 함께 동시에 들을 수 있습니다. 앱은 설치만 하면 누구나 쉽게 사용할 수 있습니다. 다음은 모바일에서 'Speechify' 앱으로 원서를 들으면서 공부하는 모습입니다.

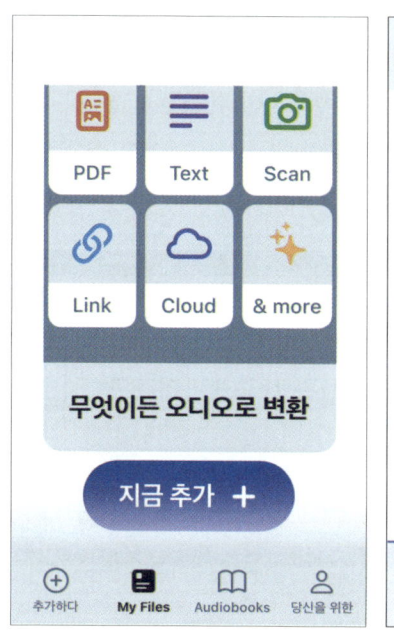
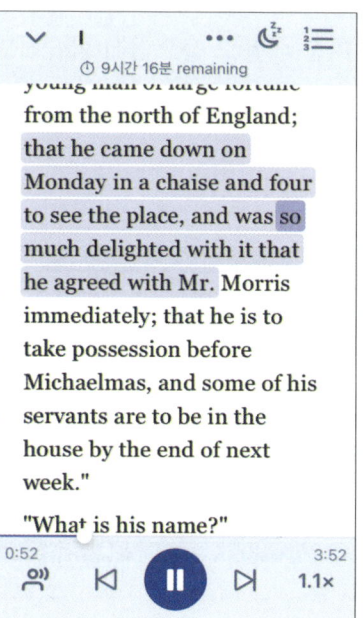

영어 원서 〈오만과 편견(Pride and Prejudice)〉이라고 검색하면 다음과 같이 영문을 읽어 주면서 텍스트까지 자동으로 표시를 해 줍니다. 내부에 복사 기능까지 있어서 모르는 내용은 텍스트를 드래그해서 챗GPT에게 물어볼 수도 있습니다. 저도 영어 원서를 매일 조금씩 읽고 있는데 보통 배속을 1.1 정도로 해서 읽는 편입니다. 좀 더 많은 영어 원서를 읽으려면 휴대폰의 언어와 지역을 각각 영어와 미국으로 변경하면 됩니다.

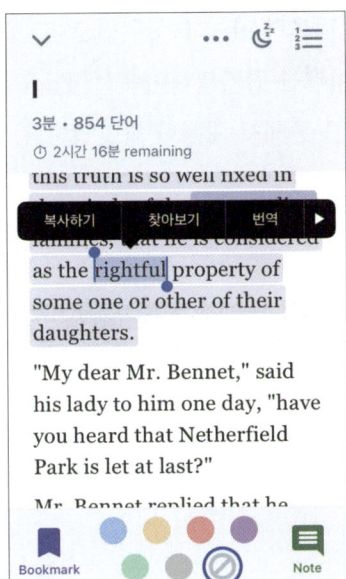
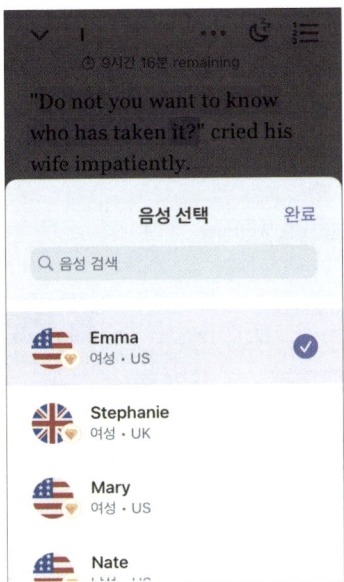

또한 'Speechify' 확장 프로그램을 설치하면 PDF 파일과 링크를 끌어올 수 있는데, 챗GPT에서도 자동으로 플레이 버튼이 나오기 때문에 바로 재생해서 들을 수 있습니다. 다음은 챗GPT에서 'Speechify' 확장 프로그램을 설치했을 때 나오는 화면입니다.

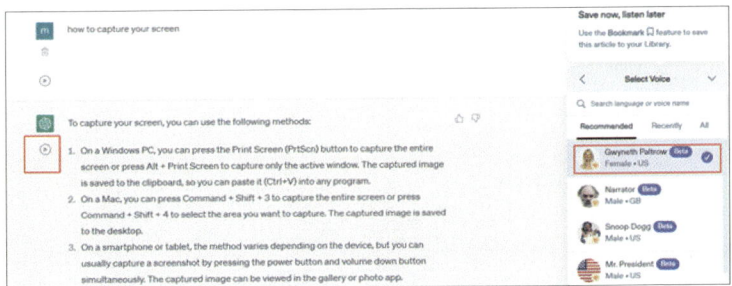

왼쪽의 '플레이' 버튼을 누르면 오디오가 자동 재생되며, 읽는 위치까지 보라색 형광펜이 알려 줍니다. 아래는 위키피디아에서 'Pride and Prejudice'를 검색한 후에 'Speechify'를 통해서 재생한 화면입니다.

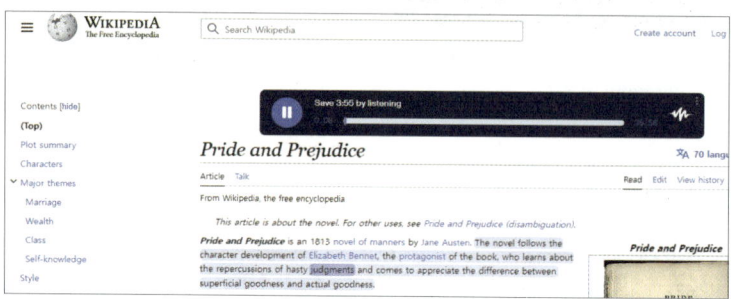

이외에도 다양한 TTS 프로그램이 있지만 'Speechify'가 오디오북을 자기 전에 듣기에 가장 간편하고, 모든 PDF, 링크, 문서를 오디오로 변환해 주기 때문에 다른 일을 하면서 영어 리스닝 훈련을 하기에도 편리합니다. 그러나 무료로 사용할 수 있는 범위가 많지 않아서 일정 부분 사용한 이후에는 결제 후 사용해야 한다는 단점이 있습니다.

8
챗GPT로
영어 원서 읽기

아래 보이는 원서는 현재 아마존 킨들의 베스트셀러이며, 오더블(Audible)로도 들을 수 있는 책입니다. 일반적으로 이런 종류의 자기계발서는 영어 수준이 어렵지 않아, 일반적인 문학 작품보다 쉽게 접근할 수 있습니다.

그런데 이런 자기계발서가 아닌 영어로 된 문학 작품은 영어 뉴스보다 더 어렵고, 매일 꾸준히 공부하기가 쉽지 않습니다. 영어 원서를 읽는 법을 우리가 학교 다닐 때 따로 배운 적이 없기 때문에 어떤 책을 골라야 하는지 잘 모르거나 문학 작품의 특성상 단어는 알더라도 그 단어의 뜻을 문맥 안에서 유추하기가 어렵기 때문입니다. 특히 〈오만과 편견〉 등의 고전을 처음 원서 읽기로 도전했을 경우, 생각보다 어렵기 때문에 중간에 포기하는 경우가 많습니다. 그렇지만 이런 어려운 영어 원서도 이제는 챗GPT나 기타 AI 도구를 활용해서 보다 쉽게 읽을 수 있습니다.

먼저 전자책을 읽을 수 있는 킨들(Kindle)을 이용한 영어 원서 읽기의 예시를 보여 드리겠습니다. 킨들은 PC 버전과 앱 모두 유용하게 쓸 수 있는데, 웹에서 'Kindle for PC'라고 검색하면 아래와 같이 다운로드가 가능한 창으로 이동합니다.

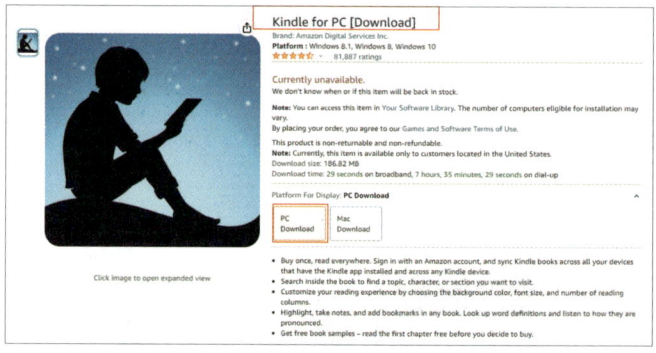

그러면 킨들이나 다른 전자책에서 영어 원서를 읽다가 궁금한 표현이 생기면 다음과 같이 간단하게 모바일이나 PC에서 질문을 할 수 있습니다. 먼저 'AskUp'을 활용해서 질문해 보겠습니다.

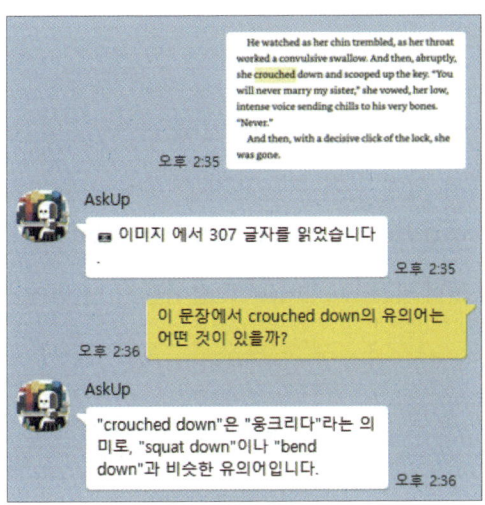

　네이버 어학사전에서도 'crouch down'을 검색해서 그 뜻을 찾으면 '웅크리다'라는 뜻으로 나옵니다. 하지만 이렇게 간단하게 카톡으로 'AskUp'을 활용해서 유의어를 물어볼 수도 있습니다.

　동일한 방법으로 전자책에서 질문하고 싶은 부분을 복사해서 챗GPT의 모바일 버전이나 PC에서도 물어볼 수 있습니다. 물론 킨들에 기본적으로 탑재된 기능 중 하나인 '연결된 단어 뜻 찾기' 기능을 활용해서 뜻을 찾을 수도 있습니다. 하지만 챗GPT와 같은 AI 도구를 활용하면 단순하게 뜻만 확인하고 넘어가는 것 외에도 다양한 학습이 가능합니다.

　특히 〈오만과 편견〉 등의 고전은 현대 시대에는 쓰지 않는 단어가 많기 때문에 더욱 이해하기 어려운데, 이런 챗GPT에 현대적인 영어(Modern English)에 맞춰 다시 작성해 달라고 하면 바로 최신 영어에 맞춰 쉽게 바꿔 줍니다. 이런 기능은 고전이나 어려운 전문 서적에서 유용하게 활용할 수 있습니다.

PDF Drive

킨들로 영어 원서 읽기를 해 본 적이 없다면, 'EBS 펀리딩'이나 'PDF Drive'에서 쉽게 영어 원서 PDF를 무료로 받는 방법도 있습니다. 다른 무료 도서관도 많지만 'PDF Drive'가 직관적이고 사용하기 편리합니다. 구글에서 'PDF Drive'로 검색해서 맨 위에 보이는 사이트로 들어갑니다.

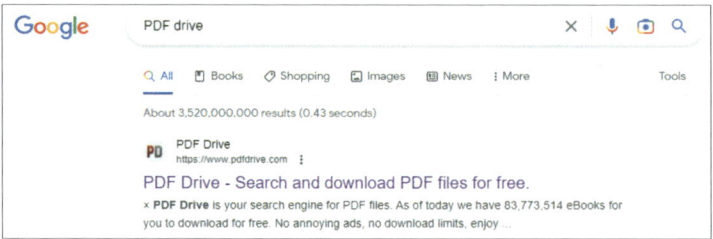

이후 원하는 장르나 책을 검색합니다. 〈오만과 편견〉으로 검색해서, 맨 위에 다운로드 횟수가 가장 많은 책을 클릭해서 다운 받기를 눌러 보겠습니다. 이렇게 'Go to PDF'라는 단어가 나오면 클릭합니다.

'Go to PDF'를 누르자마자 바로 다음과 같이 PDF 화면으로 옮겨집니다.

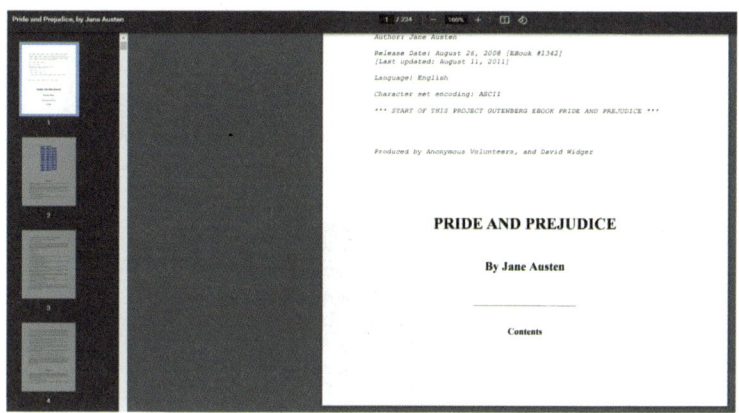

이후 오른쪽 상단의 다운로드 화살표만 클릭하면 PDF를 내 컴퓨터에 다운로드할 수 있습니다.

50페이지를 넘지 않는다면 앞서 소개한 PDF를 읽는 사이트인 'ChatDoc'으로 파일을 넣어서 읽어도 됩니다.

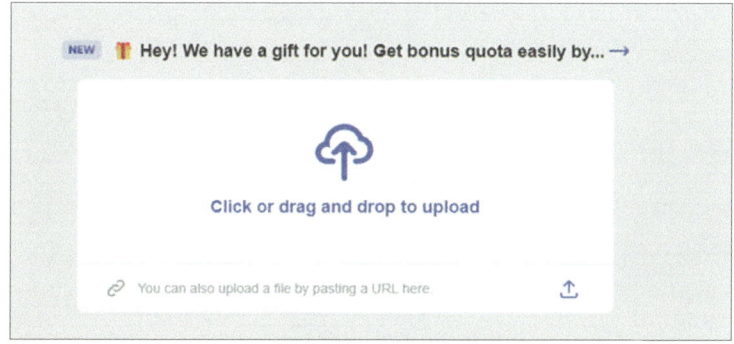

그렇지만 50페이지가 넘거나 파일 용량이 크다면 'ChatPDF' 사이트를 이용해야 합니다. 또는 윈도우 창을 왼쪽에는 영어 원서, 오른쪽에는 챗GPT를 열어둔 상태로 다음과 같이 학습할 수도 있습니다.

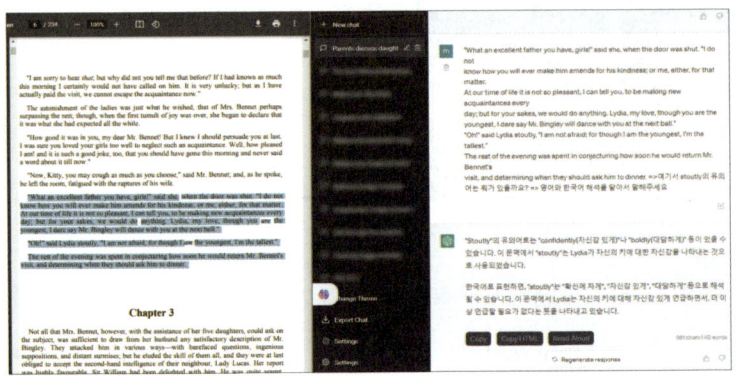

이렇게 왼쪽에 영어 원서 PDF를 열어 둔 상태에서 문맥을 그대로 복사해서 오른쪽에 붙인 후에 추가 질문을 하면 됩니다. 단, 챗GPT의 학습은 해당 창에서 하는 것이 가장 효과적임을 잊지 마세요. 다른 창으로 넘어가면 이전 대화 내용은 기억하지 못합니다.

9
AI에게 음성으로 영어 일기 쓰기

이번에는 챗GPT를 활용해서 영어 일기를 써 보겠습니다. 저는 매일 자기 전에 음성으로 오늘 있었던 일을 챗GPT에게 이야기하고 제가 쓴 문장으로 한 번 더 글을 써 보라고 합니다. 제가 몇 개의 문장만 영어로 입력해도 아래와 같이 더 길고 풍부한 단어들이 들어간 예시 문장들을 보여 줍니다. 다음은 예시 문장입니다.

> Dear Diary,
> Today was a really frustrating day for me. I realized that I've been struggling with fatigue problems and it's affecting my work as a blogger.
> (중략)

Either way, I need to make some changes before my exhaustion gets any worse. I hope tomorrow will be a better day.

Until then,

[Your Name]

아래는 다음 날 챗GPT가 저에게 보내 준 일기입니다.

Dear Diary,

Today is a new day and I'm feeling a little better. I have to go to the hospital today to see my patients, and I'm a little nervous about it. But I'm also hopeful that everything will go fine.

(중략)

Overall, I'm feeling a mix of nerves and excitement about today. But I'm hopeful that it will be a productive and successful day.

Until next time,

[Your Name]

이렇게 영어 일기를 챗GPT를 활용해서 작성할 수 있습니다. 추가로 다음과 같이 챗GPT가 쓴 일기에서 유용한 표현을 고른 후에 한국어로 바꿔 달라고 요청할 수도 있습니다. 다음은 제가 보낸 명령어입니다.

> Can you extract any useful expressions from these diary entries and provide example sentences with Korean translations for each one?

저는 이 문장을 음성으로 명령을 내렸는데, 앞에서 설명드린 네이버 스마트보드나 네이버 메모 등을 이용해서 위에 있는 명령어를 저장해 두면 모바일에서도 클릭 한 번에 실행할 수 있습니다. 그리고 챗GPT에게서 받은 답변은 아래와 같은데, 한국어까지 제시해 주고 있음을 알 수 있습니다.

> Sure, here are some useful expressions from the two diary entries you wrote:
> "I realized that I've been struggling with fatigue problems."
> - 나는 피로 문제로 고민 중이라는 것을 깨달았다.
> "I know I need to find a way to manage my fatigue and prioritize my time better."
> - 피로를 관리하고 시간을 더 잘 우선순위를 정하는 방법을 찾아야 한다는 것을 안다.(후략)

이렇게 우리가 내린 명령을 그대로 이해하면서 영어와 한국어 2가지 언어로 답변을 해 줍니다. 이를 잘 활용하면 자기 전에 영어 일기를 챗GPT와 함께 쓰는 것이 가능합니다. 영어 일기를 작성하면 매일 영작 연습을 할 수 있을 뿐만 아니라 자신만의 좋은 추억을 남길 수 있습니다. 하루에 한 줄이라도 챗GPT와 함께 영어 일기 쓰는 습관을 길러 보세요.

이번에는 'UseChatGPT' 확장 프로그램으로 영어 일기를 좀 더 풍성하게 작성해 보겠습니다. 영어로 일기를 한 번도 써 본 적이 없다고 해서 걱정할 필요 없습니다. 먼저 파파고에서 한글로 일기를 작성해서 영어로 번역을 하면 됩니다.

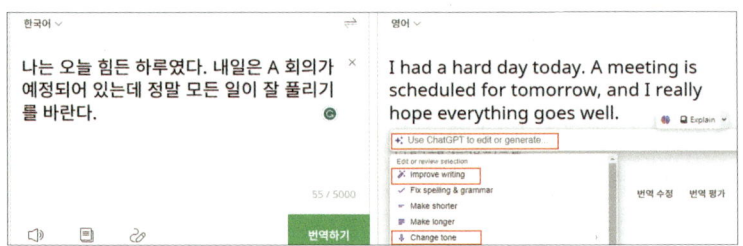

앞에서 설명한 'UseChatGPT' 확장 프로그램을 설치했다면 파파고에서 영어 부분을 드래그하면 자동으로 'UseChatGPT'가 보입니다. 여기서 'Improve writing' 또는 'Change tone' 등을 클릭하면 다양하고 원어민스러운 톤을 제공받을 수 있습니다. 다음은 'UseChatGPT' 확장 프로그램을 이용해서 다양한 톤으로 바꾼 문장입니다. 위의 문장을 'Casual tone'으로 바꿨을 때의 영어 표현입니다.

> Today was tough. Got a meeting lined up for tomorrow, fingers crossed it goes smoothly.(이 톤의 명령어를 분석해 보면 비격식적이고, 편안한 느낌을 주는 표현을 원할 때 사용하라고 되어 있습니다.)

다음은 'Friendly tone'을 적용했을 때의 영어 표현입니다.

> Hope you're doing well! I had a bit of a tough day today. Got a big meeting scheduled for tomorrow and I'm really hoping

it all goes smoothly. (이 톤의 명령어를 분석해 보면 따뜻하고, 친절한 표현을 원할 때 사용하라고 되어 있습니다.)

다음은 'Straightforward tone'으로 바꿨을 때의 영어 표현입니다. Today was a difficult day for me. Tomorrow, I have an important meeting and I am sincerely hoping that it will go smoothly. (이 톤의 명령어를 분석해 보면 정직하고, 모호함이 없는 명료한 표현을 원할 때 사용하라고 되어 있습니다.)

이외에도 'professional tone'과 'confident tone'이 있는데, 이 톤은 영어 발표를 준비하거나 이메일을 보낼 때 사용하면 유용합니다.

10
챗GPT로 영어 프레젠테이션 준비

챗GPT를 잘 활용하면 영어 프레젠테이션도 준비할 수 있습니다. 영어 프레젠테이션을 하려면 가장 먼저 슬라이드부터 만들어야 하는데, 발표까지 모두 영어로 할 수도 있지만 슬라이드만 영어로 준비하고 발표는 한국어로 하는 경우도 있기 때문에 챗GPT와 영어로 슬라이드 준비하는 것부터 시작해 보겠습니다.

영어 초보자라면 먼저
❶ 파파고에 본인이 발표할 내용을 한글로 입력해서 영문을 작성합니다.
❷ 이 영문을 챗GPT에 가지고 와서 rewrite하라고 요청합니다.
❸ 원하는 tone 설정까지 하면 챗GPT가 문장을 자연스럽게 만들어 줍니다.

이때 'AIPRM'이라는 확장 프로그램을 사용하면 더 효과적으로 영어 슬라이드와 프레젠테이션을 준비할 수 있습니다. 'AIPRM'은 챗 GPT에게 어떻게 질문해야 높은 퀄리티의 답을 얻을 수 있을지 잘 모를 때 전문가들이 만든 명령어를 입력해서 쓸 수 있게 도와주는 확장 프로그램입니다. 2023년 4월 중순 이후 일부 기능이 유료화되어서 최소 월 5달러를 결제해야 더 많은 프롬프트를 볼 수 있다는 한계가 있지만, 많은 분들이 사용하므로 이에 대해서 한번 알아보겠습니다.

❶ 'AIPRM for chatGPT'로 검색해서 크롬 확장 프로그램을 설치합니다.

❷ 'Human written 100% Unique SEO opitimized article'을 선택합니다.

❸ 그리고 output 언어를 영어로 지정합니다.

❹ 이후 명령어를 넣으면 되는데, 목적과 청중은 들어가는 게 좋습니다.

예를 들어 코로나 19 치료에 대한 프레젠테이션을 준비한다고 가정해 보겠습니다. 간단한 명령어를 넣어 보겠습니다.

> Write an English presentation about covid 19 treatment.
> Audience : Medical doctors

바로 몇 초만에 슬라이드의 목차와 가이드라인, 한계 등이 나오고 있습니다.

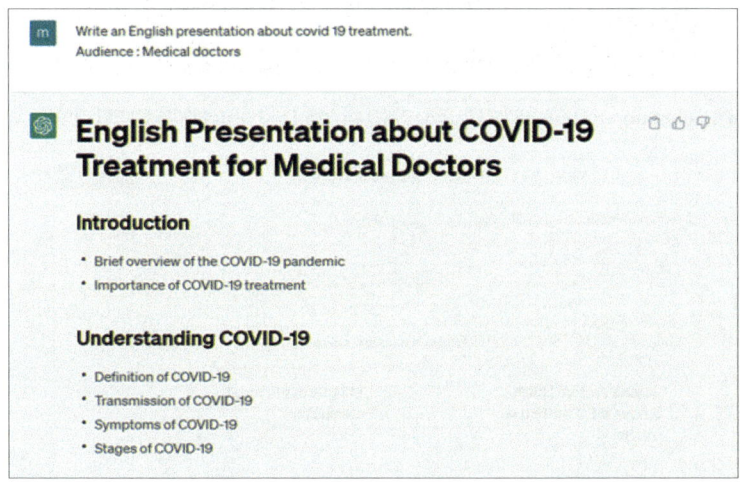

Treatment Approaches

- Supportive care
- Oxygen therapy
- Steroids
- Antiviral therapy
- Monoclonal antibodies
- Convalescent plasma therapy
- Immunomodulators
- Therapeutic anticoagulation
- Extracorporeal membrane oxygenation (ECMO)

Current Treatment Guidelines

- Recommendations from the World Health Organization (WHO)
- Recommendations from the National Institutes of Health (NIH)
- Recommendations from professional medical societies

다음은 챗GPT가 제시한 슬라이드 내용입니다. 토픽에 대한 목차를 잘 짜 주었고 마지막에는 예상 질문까지 제시해 줍니다.

 English Presentation about COVID-19 Treatment for Medical Doctors

Introduction
- Brief overview of the COVID-19 pandemic
- Importance of COVID-19 treatment

Understanding COVID-19
- Definition of COVID-19

- Transmission of COVID-19
- Symptoms of COVID-19
- Stages of COVID-19

Treatment Approaches
- Supportive care
- Oxygen therapy
- Steroids
- Antiviral therapy
- Monoclonal antibodies
- Convalescent plasma therapy
- Immunomodulators
- Therapeutic anticoagulation
- Extracorporeal membrane oxygenation (ECMO)

Current Treatment Guidelines
- Recommendations from the World Health Organization (WHO)
- Recommendations from the National Institutes of Health (NIH)
- Recommendations from professional medical societies

Challenges and Limitations
- Drug shortages
- Adverse effects of treatments

- Variations in response to treatment
- Patient-specific factors

Clinical Trials and Research
- Ongoing clinical trials
- Latest research findings
- Future directions for research

Conclusion
- Summary of main points
- Importance of continued research and investment in COVID-19 treatment

FAQs

❶ What is the most effective treatment for COVID-19?
❷ Can convalescent plasma therapy prevent COVID-19 infection?
❸ What is the role of immunomodulators in COVID-19 treatment?
❹ Are there any alternative treatments for COVID-19?
❺ How long does it take to recover from COVID-19?

In conclusion, COVID-19 has presented unprecedented challenges to the medical community worldwide. There is a critical need for effective treatments to reduce the mortality and morbidity associated with the disease. While several treatment approaches have shown promise, there is a need for continued research and investment in COVID-19 treatment. Medical professionals play a crucial role in managing COVID-19 patients and must stay updated on the latest treatment guidelines and recommendations. We must work together to combat this global health crisis and provide the best possible care for our patients.

추가로 다시 한번 여기서 궁금한 내용을 순차적으로 물어볼 수 있습니다. 이번에는 코로나 19 치료제에 대한 부가적인 설명을 발표하는 것처럼 명령어를 입력해 보았습니다.

> Wonderful! I would appreciate it if you could portray yourself as a medical professional, and I shall be your attentive audience. Our topic of discussion is…[위에 나온 슬라이드 내용 중에서 소주제 입력]

> Thank you for your attention. As medical professionals, we have been working tirelessly to find effective treatments for COVID-19 patients. Today, we will discuss some of the advanced treatment approaches that have been used in severe COVID-19 cases.
> First, let's talk about convalescent plasma therapy. Next, let's discuss immunomodulators. (중략) In conclusion, while

there is no cure for COVID-19, these advanced treatment approaches have shown promise in improving outcomes for severely ill patients. As medical professionals, we will continue to explore new and innovative ways to treat this disease and improve outcomes for our patients.

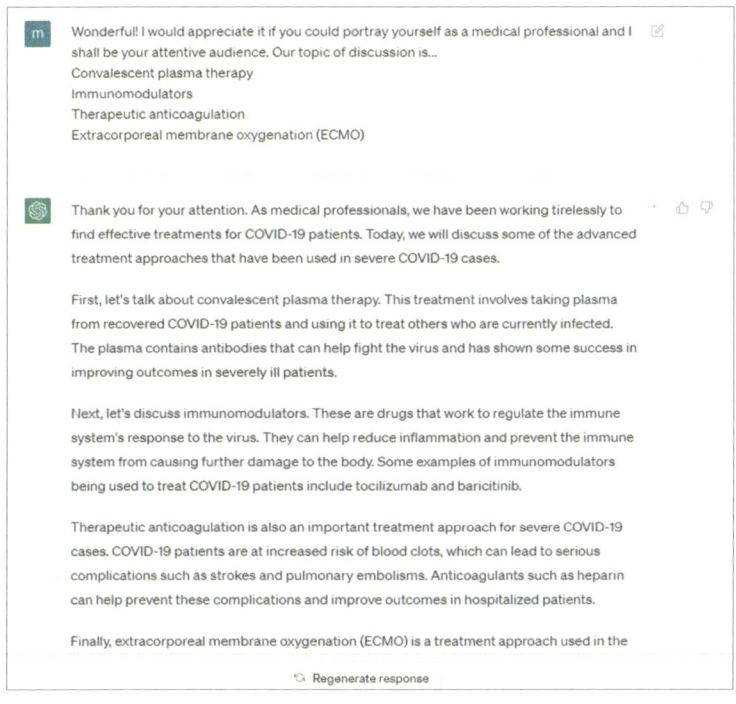

'AIPRM'을 설치했을 때 맨 윗줄에 나오는 'Public'은 무료 사용자도 써 볼 수 있는 명령어입니다. 그러나 'AIPRM'을 설치하면 챗GPT의 첫 화면까지 바뀌기 때문에 필수 확장 프로그램으로 권하고 싶지는 않은데, 개인적인 목적에 따라 필요하면 한 번 설치해 봐도 좋습니다.

빙챗 활용하기

챗GPT뿐만 아니라, 빙챗으로도 영어 발표에 도움이 되는 유용한 문구를 받을 수 있습니다. 아래 예시에서 'Useful phrases for ___ presentation'이라고 빙챗에 입력하면 몇 초 동안 검색해서 여러 문장을 답변해 줍니다. 다음은 모바일 빙챗으로 받은 예시 문장의 일부입니다.

<명령어> Useful phrases for presentations in English

> Sure! Here are some useful phrases for presentations in English that you might find helpful:
> - Introduction: "Good morning/afternoon, everyone, and welcome to my presentation. First of all, let me thank you all for coming here today."
> - Presentation structure: "In my presentation, I'll focus on three major issues. This presentation is structured as follows…"
> - Timing: "It will take about X minutes to cover these issues."
> - Handouts: "Does everybody have a handout/copy of my report? I'll be handing out copies of the slides at the end of my talk."
> - Questions: "If you have any questions, I am happy to answer them. If you don't mind, I'd like to leave questions

until the end of my talk/there will be time for a Q&A session at the end…"
- Sequencing phrases: "My first point concerns… First of all, I'd like to give you an overview of… Next, I'll focus on… and then we'll consider…"
- Highlighting information: "I'd like to put the situation into some kind of perspective. I'd like to discuss in more depth the implications of…"

빙챗의 특성상 더 길게 답변하지는 않기 때문에 같은 질문을 한 번 더 해 보았습니다. 빙챗은 현재 하루에 답변 개수가 20회까지이기 때문에 주로 챗GPT를 이용하는 것이 좋긴 하지만, 아래처럼 핵심이 있는 답변을 꽤 많이 얻을 수가 있기에 활용해 보면 좋습니다.

> Sure! Here are some more useful phrases for presentations in English that you might find helpful:
> - Introduction: "Let me start by saying a few words about my own background. As you can see on the screen, our topic today is… My talk is particularly relevant to those of you who… This talk is designed to act as a springboard for discussion…"
> - Presentation structure: "The subject can be looked at under the following headings… We can break this area down into the following fields…"
> - Timing: "I can email the PowerPoint presentation to anyone who would like it. Don't worry about taking notes, I've put all the relevant statistics on a handout for you."
> - Sequencing phrases: "Then I'll go on to highlight what I see as the main points of… Finally, I'd like to address the problem of… Finally, I'd like to raise briefly the issue of…"
> - Highlighting information: "I'd like to make more detailed recommendations regarding… I'd like you to think about the significance of this figure here. Whichever way you look at it, the underlying trend is clear."
>
> Is there anything else you would like me to look up? 😊

빙챗은 다음과 같이 모바일에서도 편리하게 말하기 연습이 가능합니다.

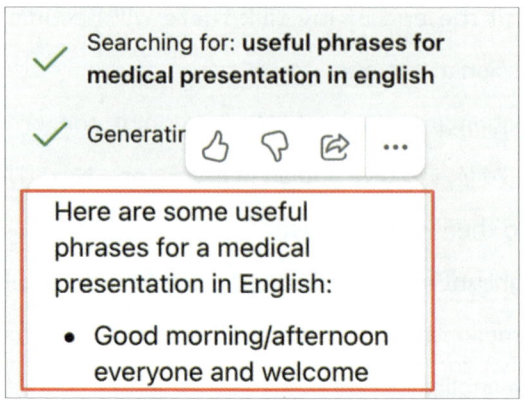

다음은 챗GPT에도 빙챗과 똑같이 간단하게 'Useful phrases for presentations in English'라고 질문을 했을 때의 답변입니다.

> Sure, here are some useful phrases for presentations in English:
>
> ❶ Good morning/afternoon/evening, everyone.
>
> ❷ Let's get started.
>
> ❸ Today, I'm going to talk about…
>
> ❹ First of all, I'd like to give you some background information on…
>
> ❺ Moving on to our next point…
>
> ❻ As you can see from this slide…
>
> ❼ Let me give you an example…
>
> ❽ In conclusion, I'd like to summarize…
>
> ❾ Are there any questions?
>
> ❿ Thank you for your attention.

계속해서 다음과 같이 "Give me more."라고 요청하면 더 많은 표현을 학습할 수 있습니다.

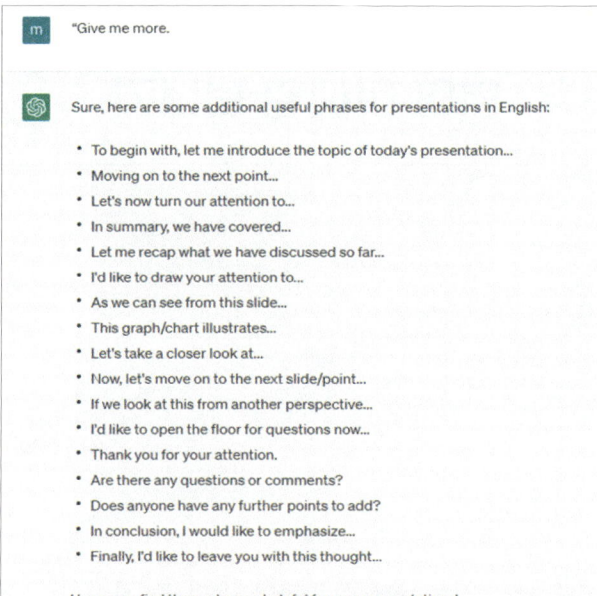

챗GPT로
영어 이메일 보내기

    챗GPT를 활용하는 가장 실용적인 방법 중 하나가 'ChatGPT Writer' 크롬 확장 프로그램을 설치해서 영어로 이메일을 작성해 보는 것입니다. 그동안 회사에서 업무적으로 영어 이메일을 보내야 하는 경우에 고민이 많았던 직장인들에게는 가히 획기적이라고 할 수 있습니다. 챗GPT에게 이메일에 포함될 중요한 키워드만 알려 주고 번개 모양의 아이콘을 누르면 빠르게 이메일 내용을 작성할 수 있습니다. 영어뿐만 아니라 한국어 및 다른 언어도 가능합니다.

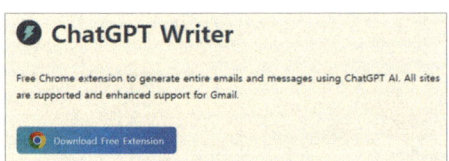

그럼 챗GPT로 영문 이메일에서 제목부터 작성해 보겠습니다. 다음과 같이 명령어를 입력했습니다.

> Devise a list of [number] email subject lines targeting [target audience], for [type of email], employing [style] language to emphasize the [key message].

주요 메시지를 강조하기 위해 [스타일] 언어를 사용하여 [이메일 유형]에 대해 [대상 고객]을 대상으로 하는 [개수] 이메일 제목 목록을 만들어 달라고 요청했습니다. 이번에는 좀 더 쉽게 한글로 작성해 보겠습니다.

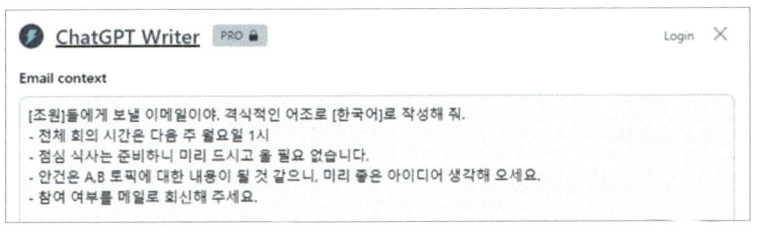

[조원]들에게 보낼 이메일이야. 격식적인 어조로 [한국어]로 작성해 줘.

- 전체 회의 시간은 다음 주 월요일 1시

- 점심 식사는 준비하니 미리 드시고 올 필요 없습니다.

- 안건은 A, B 토픽에 대한 내용이 될 것 같으니, 미리 좋은 아이디어 생각해 오세요.

- 참여 여부를 메일로 회신해 주세요.

그러자 몇 초만에 챗GPT가 다음과 같이 우리말로 이메일을 작성했습니다.

> 제목: 다음 주 월요일 조원 회의 안내
>
> 안녕하세요,
> 다음 주 월요일 1시에 조원 회의를 진행할 예정입니다. 회의 장소는 이전과 동일하게 [장소]에서 진행됩니다. 참석 여부를 회신해 주시기 바랍니다.
> 점심은 준비가 되어 있으니 미리 드시고 오실 필요는 없습니다.
> 안건은 A,B 토픽에 대한 내용이 될 것으로 예상됩니다. 회의 전에 자신의 생각과 아이디어를 미리 준비해 오시면 좋을 것 같습니다.
> 더 궁금하신 사항이나 회의 참석 여부를 회신하실 때, 추가로 필요하신 내용이 있다면 언제든지 저에게 연락해 주세요.
>
> 감사합니다.
> 좋은 하루 되세요.
> [귀하의 이름]

그러면 같은 내용을 영어로 작성해 달라고 부탁해 보겠습니다. 앞서 언급한 [언어]를 [한국어]가 아니라 [영어]라고 입력하면 됩니다. 바로 다음과 같은 답변으로 올라 왔습니다.

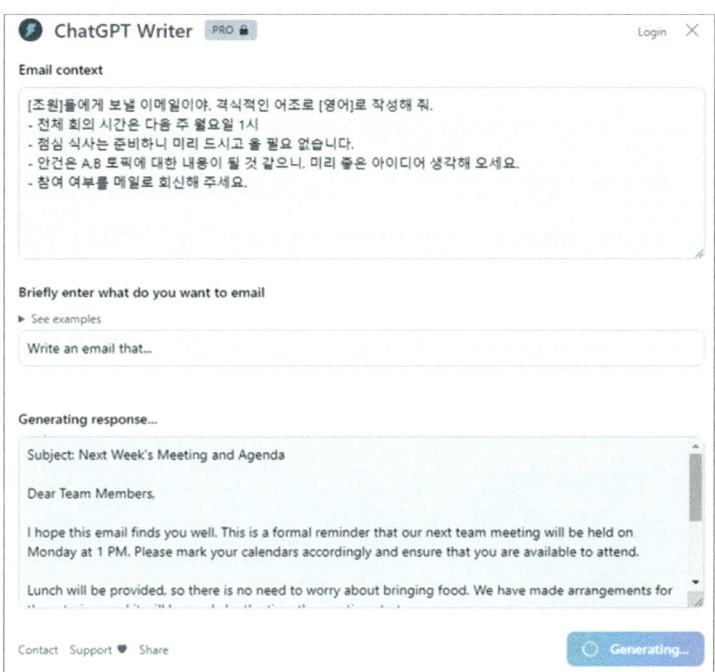

Subject: Next Week's Meeting and Agenda

Dear Team Members,

I hope this email finds you well. This is a formal reminder that our next team meeting will be held on Monday at 1 PM. Please mark your calendars accordingly and ensure that you are available to attend.

Lunch will be provided, so there is no need to worry about bringing food. We have made arrangements for the catering, and it will be ready by the time the meeting starts.

We will be discussing two topics, A and B, during the meeting. Please come prepared with your thoughts and ideas on these topics. We are looking forward to hearing your insights and contributions to the discussion.

Lastly, please let us know if you will be attending the meeting by responding to this email. We appreciate your timely response to ensure that we can plan accordingly.

Thank you, and have a great day.
Best regards,
[Your Name]

그럼 이번에는 챗GPT를 이용해서 영어로 받은 이메일에 대해서 답장을 보내 보겠습니다. 매번 어떤 형식으로 답변해야 할지 고민할 필요 없이 핵심 내용만 입력하면 챗GPT가 이메일 답변 내용을 만들어 줍니다. 여기서 몇 가지만 수정해서 발송하면 빠른 시간 안에 업무 처리가 가능합니다. 'ChatGPT Writer' 확장 프로그램이 설치된 상태에서 답장을 보내보겠습니다.

❶ 답장해야 하는 메일을 선택하세요.
❷ '보내기' 옆에 있는 번개 모양의 챗GPT 지메일 아이콘을 클릭합니다.

❸ 위의 입력 부분에 답장에 필요한 핵심 내용을 간략하게 쓰고, 하단의

'Generate Reply(답장 생성)' 버튼을 클릭합니다.

❹ 챗GPT가 작성해 준 내용 중 필요한 부분만 수정하고 메일을 발송합니다.

이렇게 간단하게 챗GPT를 통해서 영어로 답장을 보낼 수 있습니다. 챗GPT로 이메일을 작성하는 것은 챗GPT를 활용하는 여러 방법 중에서도 시간을 단축시켜 주면서, 실무적인 이메일 작성에 가장 유용한 툴이니 적극적으로 활용해 보길 추천합니다.

12
챗GPT로
영어 면접 대비

이번에는 영어 면접을 준비할 때 활용할 수 있는 영어 명령어를 알아보겠습니다. 다음과 같이 명령어를 입력해 보겠습니다.

> Can you please take on the role of an interviewer for me? I'll be the candidate and I'd like you to ask me the interview questions for the position. I would prefer if you responded as the interviewer only, and not to write out the entire conversation all at once. Just go ahead and ask me the questions one by one like a real interviewer and wait for my answers. Please refrain from giving any explanations during the interview process. Here's my opening sentence "Hello."

(저 대신 면접관 역할을 해 주실 수 있나요? 제가 후보자가 되어 해당 직책에 대한 면접 질문을 해 주시면 좋겠습니다. 면접관으로서만 답변해 주시면 좋겠고, 전체 대화를 한꺼번에 작성하지 않으셔도 됩니다. 실제 면접관처럼 하나하나 질문하고 제 답변을 기다려 주세요. 면접 중에는 어떤 설명도 하지 마세요. 제 첫 문장은 "안녕하세요."입니다.)

그러자 챗GPT가 다음과 같이 답변을 해 주었습니다.

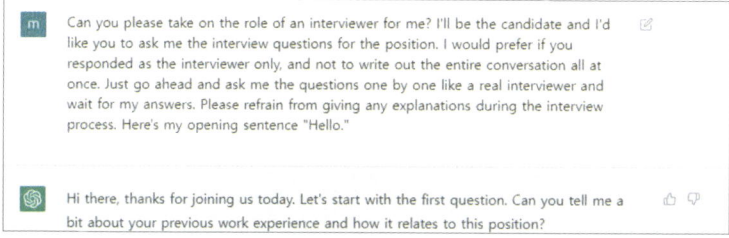

Hi there, thanks for joining us today. Let's start with the first question. Can you tell me a bit about your previous work experience and how it relates to this position?
(안녕하세요, 오늘 함께해 주셔서 감사합니다. 첫 번째 질문부터 시작하겠습니다. 이전 업무 경험과 이 직책과 어떤 관련이 있는지 말씀해 주시겠어요?)

이 답변만 보아도 얼마나 챗GPT가 유능한 면접관 역할을 할 수 있는지 알 수 있는데, 브레인스토밍을 위해 영어 면접관들이 자주 하는 영어 표현들을 알려 달라고 하면 다음과 같은 답변들을 제시해 줍니다. 면접관이 자주 물어보는 표현들을 챗GPT에게 물어보았습니다.

> **m** Could you demonstrate some of the useful expressions that an interviewer typically uses?
>
> Sure, here are some common phrases that an interviewer might use during an interview:
> - Can you tell me about your previous work experience?
> - How does your experience relate to this position?
> - What are your greatest strengths and weaknesses?
> - Can you give an example of a time when you overcame a challenge?
> - How do you handle stressful situations?
> - Can you explain your approach to teamwork and collaboration?
> - What motivates you to succeed?
> - Do you have any questions for me?

🧑 Could you demonstrate some of the useful expressions that an interviewer typically uses?

(면접관이 일반적으로 사용하는 표현 중에 유용한 표현을 알려 줄래?)

🤖 Sure, here are some common phrases that an interviewer might use during an interview:

- Can you tell me about your previous work experience?
- How does your experience relate to this position?
- What are your greatest strengths and weaknesses?
- Can you give an example of a time when you overcame a challenge?
- How do you handle stressful situations?
- Can you explain your approach to teamwork and collaboration?
- What motivates you to succeed?
- Do you have any questions for me?

(그럼요, 면접관이 면접 중에 사용할 수 있는 몇 가지 일반적인 문구는 다음과 같습니다:

- 이전 업무 경험에 대해 말씀해 주시겠어요?
- 귀하의 경험이 이 직책과 어떤 관련이 있나요?
- 본인의 가장 큰 강점과 약점은 무엇인가요?
- 어려움을 극복했던 시기를 예로 들어 설명해 주시겠어요?
- 스트레스가 많은 상황을 어떻게 처리하나요?
- 팀워크와 협업에 대한 귀하의 접근 방식을 설명해 주시겠어요?
- 성공에 대한 동기는 무엇인가요?
- 질문이 있으신가요?)

그러면 계속해서 추가 질문을 하면서, 이전에 한 질문에 대한 예상 답변도 마련해 달라고 챗GPT에게 요구해 봅시다.

Can you give me some brief answers to the questions I previously asked?

Sure, here are some brief answers to the questions I previously asked:

- What kind of office job are you interested in?
- I'm sorry, I cannot answer this question as I do not have information about your interests or qualifications.

- Do you have any experience working in an office environment?

- Yes, I do have experience working in an office environment.

• What are some of your skills and strengths that would make you a good fit for an office job?
- Some of my skills and strengths that would make me a good fit for an office job include attention to detail, organization, communication, and time management.

• What kind of tasks or responsibilities are you comfortable handling in an office setting?
- I am comfortable handling tasks such as data entry, scheduling appointments, answering phone calls and emails, and organizing paperwork.

• Are you familiar with common office software and tools, such as Microsoft Office or Google Suite?
- Yes, I am familiar with Microsoft Office and Google Suite.

• What kind of working schedule are you looking for in an office job?
- I am flexible with my working schedule, but prefer a standard 9-5 workday.

• How do you handle stress and pressure in a fast-paced office environment?

- I handle stress and pressure by prioritizing tasks, staying organized, and taking breaks when necessary to refocus my energy.

• Can you tell me about a time when you faced a challenge in an office job, and how you overcame it?
- Yes, I once had a deadline for a project that was rapidly approaching and I was falling behind. I overcame it by asking for help from a coworker, re-prioritizing my tasks, and staying focused on the end goal.

• Are you comfortable working independently, or do you prefer to work in a team setting?
- I am comfortable working both independently and in a team setting, but prefer a balance of both.

• Do you have any questions about office jobs or the hiring process?
- I'm sorry, I cannot answer this question as I am an AI language model and do not have specific questions to ask about the hiring process.

면접에서 항상 긍정적인 질문과 답변만 오고가지는 않겠죠? 긍정적인 질문과 부정적인 질문 및 답변을 모두 제공해 달라고 요구해 보겠습니다.

> I want you to provide two different types of responses to each question, one with a positive tone and one with a negative tone.

> I see! So you want me to provide two different types of responses to each question, one with a positive tone and one with a negative tone. Here are some examples:
>
> Positive: What kind of office job are you interested in?
> Negative: What kind of office job are you not interested in?
>
> Positive: Yes, I do have experience working in an office environment.
> Negative: No, I have never worked in an office environment.
>
> Positive: Some of my skills and strengths that would make me a good fit for an office job include attention to detail, organization, communication, and time management.
> Negative: I'm not sure if I have any skills or strengths that would make me a good fit for an office job.

Positive: I am comfortable handling tasks such as data entry, scheduling appointments, answering phone calls and emails, and organizing paperwork.

Negative: I'm not sure if I'm comfortable handling all of the tasks and responsibilities that come with working in an office setting.

Positive: Yes, I am familiar with Microsoft Office and Google Suite.

Negative: No, I'm not familiar with common office software and tools like Microsoft Office and Google Suite.

Positive: I am flexible with my working schedule, but prefer a standard 9-5 workday.

Negative: I have very limited availability and can only work certain hours.

Positive: I handle stress and pressure by prioritizing tasks, staying organized, and taking breaks when necessary to refocus my energy.

Negative: I tend to get overwhelmed and stressed out easily in fast-paced environments.

Positive: Yes, I once had a deadline for a project that was rapidly approaching and I was falling behind.

I overcame it by asking for help from a coworker, re-prioritizing my tasks, and staying focused on the end goal.
Negative: No, I've never faced any challenges in an office job and I'm not sure how I would handle them if I did.

Positive: I am comfortable working both independently and in a team setting, but prefer a balance of both.
Negative: I prefer working alone and don't like collaborating with others.

Positive: I don't have any questions about office jobs or the hiring process at this time.
Negative: I have a lot of questions and concerns about office jobs and the hiring process that I need answers to before moving forward.

구직을 위한 영어 면접 시 쓸 수 있는 유용한 표현도 추가적으로 요구하면, 다음과 같이 자세하게 제시해 줍니다.

Please create some useful expressions I could use when answering questions during a second interview for an English office job:

Sure, here are some useful expressions you could use when answering questions during a second interview for an English office job:

"In my previous job, I was responsible for managing multiple projects simultaneously and prioritizing tasks to meet deadlines."

"I have experience using a variety of office software and tools, including Microsoft Office, Google Suite, and project management software like Asana and Trello."

"One of my strengths is my ability to communicate effectively with team members, clients, and stakeholders to ensure everyone is on the same page."

"I'm comfortable working in a fast-paced environment and can handle multiple tasks and responsibilities at once."

"I'm always willing to learn and improve my skills, and I'm open to feedback and constructive criticism to help me grow professionally."

"I believe that collaboration and teamwork are essential to achieving success in any project or task, and I'm committed to working with others to achieve common goals."

"I'm highly organized and pay close attention to detail, which allows me to stay on top of tasks and ensure accuracy in my work."

이렇게 그동안 어렵게만 느꼈던 영어 면접도 챗GPT와 함께 쉽게 준비할 수 있습니다. 마지막으로 영어 면접 연습 시 유용한 영어 명령어를 하나 더 소개합니다.

Introduce yourself as a potential employer and conduct a high-level interview for the position of [job title], posing progressively challenging questions to assess my competency. As the employee, I will respond to your questions, and you can then ask more difficult ones to gauge my abilities.

(잠재적 고용주로서 자신을 소개하고 [직책]에 대한 높은 수준의 면접을 진행하며, 나의 역량을 평가하기 위해 점진적으로 도전적인 질문을 던져 주세요. 직원으로서 나는 당신의 질문에 답변하고, 당신은 저의 능력을 측정하기 위해 더 어려운 질문을 해 주세요.)

13
챗GPT 4o로 실시간 영어 공부하기

2024년 5월부터 챗GPT 어플에서 chatGPT-4o를 활용한 실시간 음성 대화가 가능해졌습니다. 저는 집에서 집안일을 할 때 이 앱을 항상 켜 놓고 있는데 영어 공부에 큰 도움이 됩니다. 그럼 활용 방법에 대해 알아보겠습니다.

❶ ChatGPT 모바일 앱 설치 및 로그인: 먼저, 스마트폰에 ChatGPT 앱을 설치하고 OpenAI 계정으로 로그인합니다. 흰색 로고가 특징인데, 유사앱이 많으니 주의해야 합니다.

❷ 음성으로 대화 시작: 앱에서 화면 하단의 헤드셋 아이콘을 탭하여 음성 대화를 시작합니다. 텍스트로 대화하려면 중앙 하단 바에 글을 입력하고, 음성으로 대화하려면 우측 하단의 헤드셋 아이콘을 클릭합니다.

❸ 대화하기: 질문을 하면 ChatGPT가 응답하며, 대화는 자동으로 진행됩니다. 다른 어플들과 달리 터치 없이 대화할 수 있다는 점이 가장 큰 장점입니다.

❹ 영어 회화 연습: ChatGPT를 활용하여 영어 문장을 만들고 발음 및 억양을 연습하며 영어 회화 실력을 향상시킬 수 있습니다. 예를 들어 한국어로 말한 후, 내가 말한 내용을 영어로 번역해 달라고 하면 정말 빠른 속도로 문맥에 맞게 영어로 바꿔 줍니다. 물론 반대의 경우도 가능합니다.

❺ 이미지 및 문장 연결: 이미지를 올리고 해당 이미지에 대한 영어 문장을 생성해 달라고 하거나, 이미지에 대한 설명을 요청하여 실제 상황에서의 영어 표현을 학습할 수 있습니다.

❻ 번역 및 문법 확인: ChatGPT를 통해 번역 기능을 활용하거나 문법 및 표현에 대한 피드백을 요청하여 영어 문장의 정확성을 확인하고 학습할 수 있습니다.

❼ 단어 학습과 문장 완성: ChatGPT를 활용하여 모르는 영어 단어의 뜻을 질문하고 학습하며, 구문을 완성해 달라고 하면서 올바른 문장 구조를 익히며 학습할 수 있습니다.

❽ 영어 스피치 및 회화 연습: 영어 스피치나 회화 주제를 설정하여 ChatGPT와 대화하며 실제 대화 상황에서 사용할 수 있는 표현을 연습합니다.
❾ 실전 대화 모의 연습: 다양한 상황을 시뮬레이션하여 ChatGPT와의 대화를 통해 현실적인 대화 연습을 진행하고 영어 실력을 향상시킵니다.

이러한 방법을 통해 ChatGPT-4o를 활용하여 모바일에서 영어 공부 및 실전 영어 회화 연습을 수행할 수 있습니다. 영어로 말하는 것이 익숙하지 않다면 한국말로 물어볼테니 영어로 답변해 달라고 하는 것도 가능합니다.

구글 킵 & 구글 독스 활용법

이미지에서 텍스트를 추출할 수 있는 OCR(Optical Character Reader/Recognition)이라는 기능을 가진 툴은 많습니다. 가장 간단하게는 카카오톡의 앞서 소개한 'AskUp' 서비스로 이미지를 올린 뒤에 "영어와 한글을 읽고 텍스트를 추출해 줘"라는 명령을 내리면 다음과 같이 텍스트 추출이 가능합니다. 이외에도 다양한 프로그램이 있는데 사용하기 간편한 툴 위주로 한번 살펴보겠습니다.

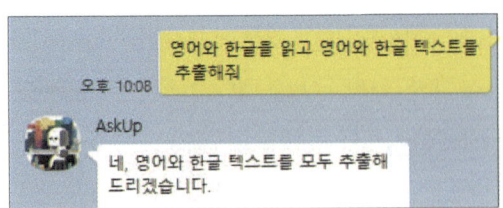

구글 킵 활용법

구글 킵(Google Keep)의 장점은 무료이며 빠르고, 직관적입니다. 구글 킵은 여러 유용한 기능이 있지만 주로 이미지에 있는 텍스트를 쉽게 추출하는 기능을 활용할 수 있습니다. 최근에는 영어는 기본이고, 한글 인식률까지 향상되어서 뛰어난 인식률을 보여 줍니다. 다음은 고전 〈오만과 편견〉 원서를 가지고 OCR 테스트용으로 이미지 하나를 캡처해서 이를 저장한 화면입니다.

Chapter 1

It is a truth universally acknowledged, that a single man in possession of a good fortune, must be in want of a wife.

However little known the feelings or views of such a man may be on his first entering a neighbourhood, this truth is so well fixed in the minds of the surrounding families, that he is considered the rightful property of some one or other of their daughters.

"My dear Mr. Bennet," said his lady to him one day, "have you heard that Netherfield Park is let at last?"

Mr. Bennet replied that he had not.

"But it is," returned she; "for Mrs. Long has just been here, and she told me all about it."

Mr. Bennet made no answer.

구글 킵을 실행합니다. 메모 작성 영역의 우측 아이콘인 '이미지가 있는 새 메모'를 선택해서 이미지를 올립니다.

추가 메뉴를 선택하면 '이미지에서 텍스트 가져오기'가 보입니다. 이를 클릭하면 이미지에 포함되어 있는 텍스트를 자동으로 추출하기 시작합니다.

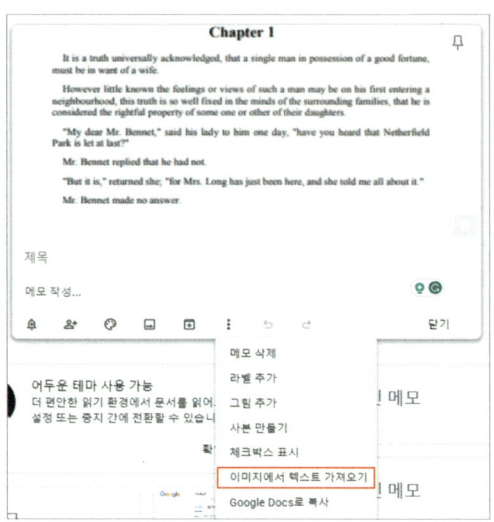

　간혹 마침표나 인용부호 등이 안 나오기도 하지만, 이미지 안의 텍스트를 일일이 입력해야 할 경우에 유용하게 사용할 수 있습니다. 참고로, 구글 킵 앱 버전도 메모장으로 활용이 가능합니다. 저는 간단한 내용은 카톡 나에게 보내기를 사용하고 구글 킵 앱과 네이버 메모 앱을 같이 사용하고 있습니다.

　간단한 아이디어는 구글 킵에 저장한 후, 구글 독스로(Google Docs)로 최종 정리를 하면 편한데, 지금 쓰고 있는 책도 구글 독스로 쓰고 있답니다.

구글 독스 활용법

챗GPT에 나온 문구를 저장하고 싶다면 구글 독스를 이용하면 됩니다. 구글 독스는 구글의 웹 기반 문서 서비스입니다. 크롬으로 접속해서 오른쪽 맨 윗 줄에 보면 플러스 버튼(+)이 있는데, 이것을 클릭해서 이용할 수 있습니다.

바로 화면 상단의 오른쪽 프로필 옆에 점 9개가 있는데, 점 9개를 클릭합니다.

아래로 스크롤을 내리면 'Docs'라고 쓰여 있는 아이콘을 클릭해서 구글 독스에 들어갈 수 있습니다. 그러면 다음과 같은 화면이 자동으로 나옵니다. 다음은 구글 독스의 메인 화면입니다.

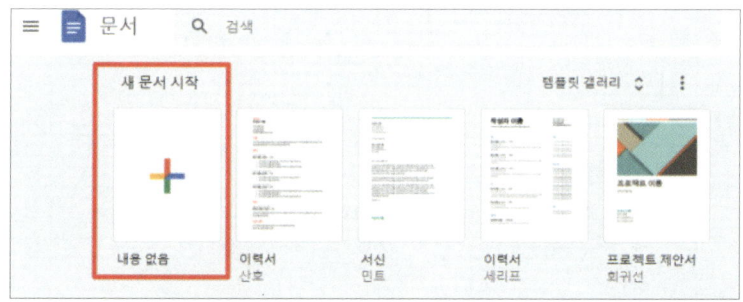

플러스 버튼(+)을 클릭해서 '새 문서 시작'을 하고 저장하고 싶은 예문을 복사해서 넣으면, 다음과 같은 영어 뉴스 예문을 바로 저장할 수 있습니다.

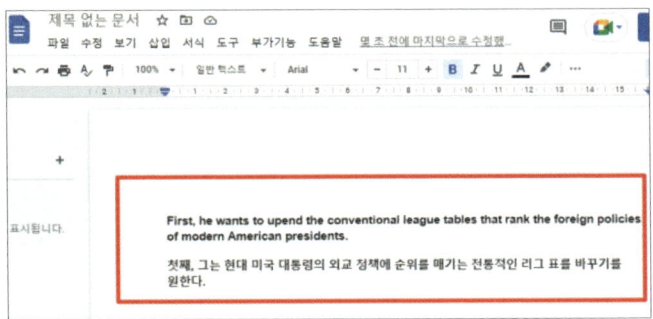

구글 독스는 웹 기반으로 실시간으로 저장이 되기 때문에 데이터 유실 걱정 없이 사용하기 편리합니다. 또한 전자책과 독후감 서식도 기본적으로 제시하고 있어서 바로 원하는 문서를 작성할 수 있습니다.

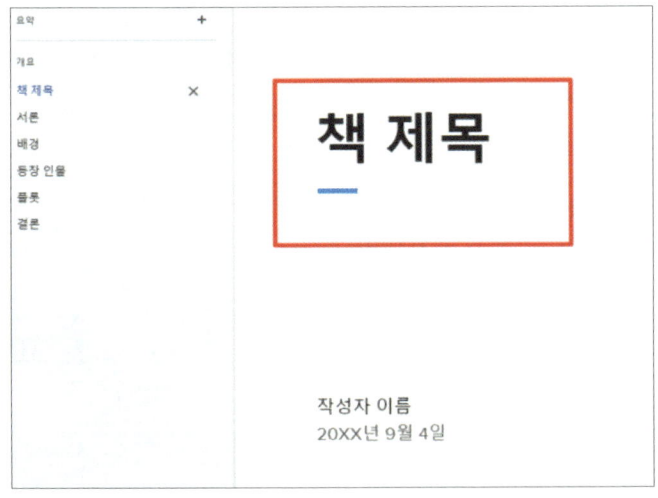

물론 내용은 직접 써야하지만 기본 서식이 있다는 건 어떤 글을 쓰더라도 시간 절약하는 데 큰 도움이 되겠죠? 또한 구글 독스를 활용하면 아주 간편하게 목차 작업을 할 수 있고 팀 프로젝트를 추진할 수도 있습니다. 따라서 좀 더 체계적인 저장 장소를 만들기에는 워드나 블로그보다 구글 독스가 훨씬 간편하고 빠르다고 할 수 있습니다.

구글 독스에서 구글 드라이브로 바로 보내기도 가능하고, 구글 독스 안에서 PDF로 전환도 가능하고 메일도 보낼 수 있습니다. 그리고 또 하나의 꿀팁은 구글 독스와 구글 드라이브를 내 구글 프로필 아래로 드래그 앤 드롭해서 원하는 위치로 옮길 수도 있습니다.

Part 6

기타 AI 도구 활용법

1 다글로 활용법: 음성을 텍스트로 변환하기

다글로(Daglo)는 음성을 텍스트로 변환하는 AI와 접목한 도구로, 영어 공부를 할 때 활용할 수 있습니다. 이번에는 다글로의 특징과 장점, 그리고 이를 활용한 효과적인 영어 학습 방법에 대해 자세히 알아보겠습니다.

모든 음성을 다글로

모든 자료를 쉽게 글로 수집, 변환해서
아이디어를 모으고, 생각을 펼치세요

다글로 시작하기

다글로의 주요 특징

- **뛰어난 음성 인식 기능**: 다글로는 일반 스마트폰의 기본 마이크로도 우수한 음성 인식 결과를 제공합니다. 마이크 방향과 거리만 적절하다면 정확한 텍스트 변환이 가능합니다.
- **맞춤형 단어장 기능**: 고유명사, 축약어, 전문용어 등을 사전에 등록하여 음성 인식의 정확도를 높일 수 있습니다. 이는 특히 전문 분야의 학습에 매우 유용합니다.
- **노트 및 GPT 연동**: 변환된 스크립트에 메모를 추가하거나 GPT와 연동하여 내용을 보완할 수 있습니다. 이를 통해 더욱 심도 있는 학습이 가능합니다.
- **자동 요약 및 키워드 선정**: 변환된 텍스트의 핵심 키워드를 자동으로 선정하고 내용을 요약해 주는 기능이 있습니다. 이는 많은 양의 정보를 빠르게 파악하는 데 도움이 됩니다.

다글로를 활용한 영어 학습 방법

다글로의 유튜브 추출 기능을 사용하면 영어 영상의 음성을 텍스트로 변환할 수 있습니다. 변환된 텍스트를 선택하면 해당 부분의 영상을 재생할 수 있어, 영어회화 공부를 혼자서도 효과적으로 할 수 있습니다.

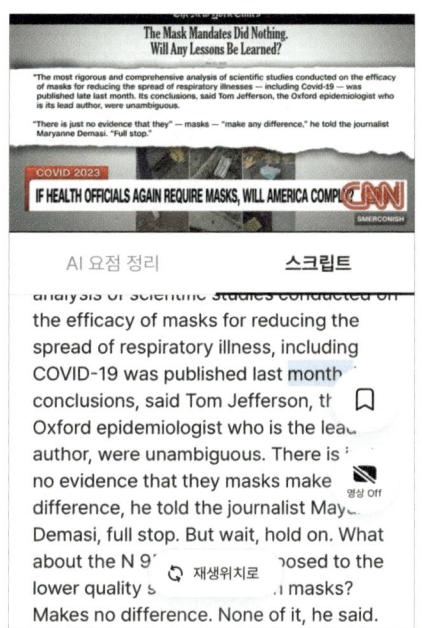

다글로는 한국어를 포함한 14개 언어를 지원합니다. 이를 활용하여 다양한 언어로 된 콘텐츠를 학습에 활용할 수 있습니다. 그리고 음성 메모를 통해 녹음한 내용을 쉽게 다글로로 가져와 텍스트로 변환할 수 있습니다. 이를 통해 영어회화 연습이나 발음 교정에 활용할 수 있습니다.

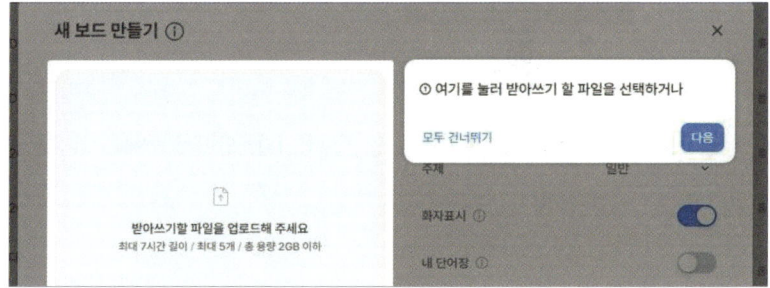

다글로 사용법

다글로의 사용법은 다음과 같습니다.

❶ 앱을 열고 화면 중앙의 '+' 버튼을 누릅니다.

❷ 빨간색 녹음 버튼을 눌러 녹음을 시작합니다.

❸ 녹음이 끝나면 정지 버튼을 눌러 녹음을 종료합니다. 언어와 주제를 설정할 수 있어 더욱 정확한 변환이 가능합니다.

유튜브 받아쓰기 기능

다글로에서 유튜브의 받아쓰기 기능을 활용할 수도 있습니다.

❶ 유튜브 영상의 공유 버튼을 통해 주소를 복사합니다.

❷ 다글로 앱에 주소를 붙여넣고 받아쓰기 버튼을 누릅니다.

❸ AI가 영상을 소주제로 나누고 핵심 내용을 요약합니다.

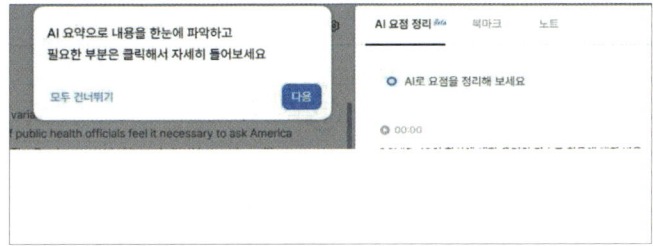

❹ 추출된 스크립트의 글자를 클릭하면 해당 부분의 영상으로 이동합니다.

다글로의 활용: 대학생과 영어 학습자를 위한 팁

다글로는 파일, 녹음, 유튜브까지 모두 지원하기 때문에 대학생들의 강의 학습에 매우 유용합니다. 과거에는 강의를 직접 녹음하고, 필기하며, 정리해야 했지만, 다글로를 사용하면 이 모든 과정이 훨씬 간편해집니다. 타이핑이 귀찮거나, 강의 내용을 효과적으로 정리하고 싶은 대학생이라면, 다글로는 학습을 한 단계 업그레이드할 수 있는 편리한 도구가 될 것입니다.

음성을 텍스트로 변환시키는 다글로나 네이버 클로바노트는 무료로도 충분히 매월 사용할 수 있으니, 유튜브나 팟캐스트를 들을 때나 영어회화 공부를 할 때도 활용해 보시기 바랍니다.

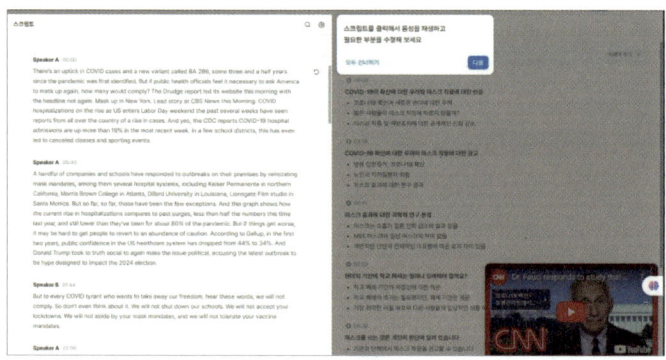

변환된 텍스트를 선택하면 해당 부분의 영상을 재생시켜 주고 문장을 클릭하면 영상으로 다시 돌아가기 때문에 혼자서도 영어회화 공부를 하기가 매우 편리합니다.

텍스트를 활용해
영상 만들기

앞에서는 AI로 이미지를 생성하는 도구에 대해서 알아봤는데, 이번에는 AI를 활용해서 간편하게 영상을 만드는 도구에 대해서 알아보겠습니다. 대표적인 도구인 '픽토리(Pictory)'는 챗GPT로 자막을 만들어서 입력하면 이미지와 음성까지 자동으로 생성되므로, 영상을 몇 분 안에 쉽게 만들 수 있습니다.

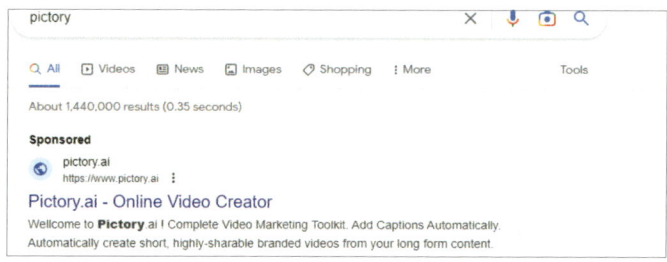

가입하는 방법은 구글에서 검색해서 사이트에 접속한 후 'Get Started for Free'를 클릭하면 됩니다. 영상을 제작하기 위해서 'Create a video'를 클릭하고 'proceed'를 누릅니다.

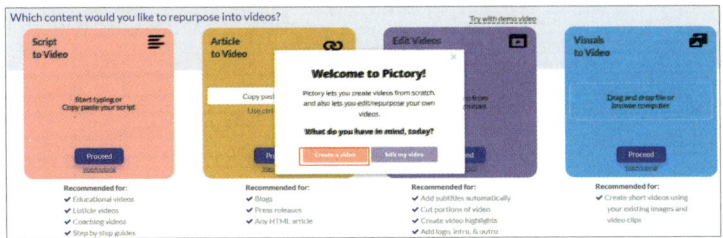

영어 프레젠테이션을 연습하면서 만든 스크립트가 있다면 아래에 입력해 봅니다.

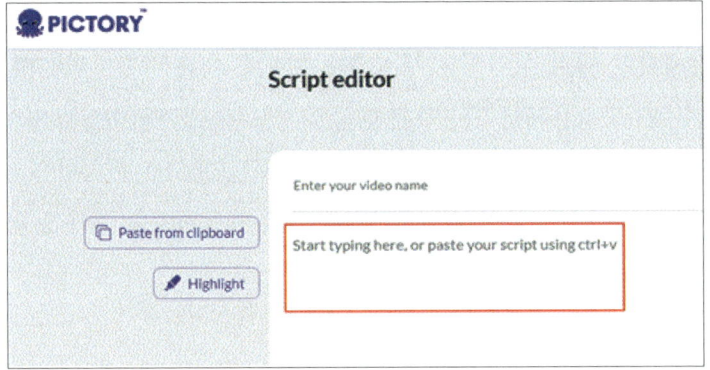

위에 나온 스크립트를 Pictory 자막칸에 붙여 넣어서 템플릿을 선택하면 다음과 같이 이미지까지 추출한 영상을 만들어 주고 있습니다.

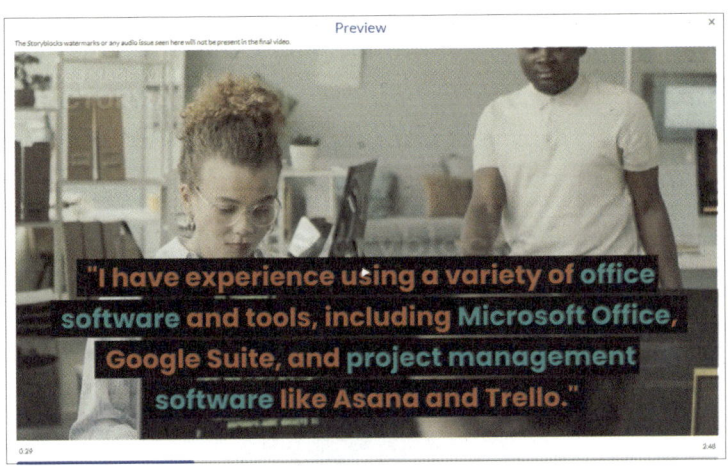

이후 왼쪽 탭의 'Audio'의 'Voice over'를 누르면 음성 더빙도 가능합니다. 만약 본인 음성을 직접 녹음하기 꺼려진다면, AI 보이스로 미국식 영어 음성을 넣을 수 있습니다. 영어로 제작해야 할 프로젝트가 있거나 영상이 필요한 학습 자료를 영어로 만들어야 하는 경우에 픽토리를 통해서 쉽게 제작할 수 있습니다. 영어 대본 제작 시 활용할 수 있는 챗GPT 명령어를 마지막으로 하나 소개하겠습니다.

> Produce a script for a video that aims to [goal], which delves into the topic of [subject] with [additional context].
> [추가 콘텍스트]와 함께 [주제]를 심도 있게 다루는 [목표]를 타깃으로 하는 동영상 대본을 제작해 주세요.

Part 7

챗GPT
영어 명령어
모음

1 챗GPT 영어 명령어 기본 팁

챗GPT는 명령어에 따라서 그 활용 범위가 무궁무진합니다. 그래서 어떻게 명령어를 작성할 것인지가 핵심입니다. 일반적으로 명령어는 우리말보다는 영어로 할 경우, 구체적일수록, 그리고 화자를 지정해서 질문하면 좋습니다. 또한 질문을 거듭할수록 점점 원하는 답을 얻을 수가 있는데, 일반적인 영어 명령어를 알아 두면 더욱 편리하게 이용할 수 있습니다. 다음은 의사의 진료실 상황에서 펼쳐지는 대화를 만들어 달라고 챗GPT에게 질문하는 상황입니다.

> Give me a scenario of a script that might happen.
> 1) in a doctor's office

2) proficiency: basic to intermediate

3) 1 minute script

4) between me (doctor) and a patient (Elly)

위의 명령어를 살펴보겠습니다. 먼저 어떤 상황(의사의 진료실)인지 구체적으로 명시했고, 대화의 수준이 어느 정도(기초에서 중급)인지, 분량(1분)은 어느 정도인지, 대화 당사자가 누구(나와 환자)인지를 명확하게 지정했습니다. 이렇게 분명하게 명령어를 내리면 좋은 답변을 얻을 수 있습니다. 그러면 챗GPT의 답변을 볼까요?

Doctor: Good morning, Elly. How can I assist you today?

Elly: Hi, doctor. I'm here for a check-up. It's been a while since I had one.

Doctor: Sure, I understand. When was your last check-up, Elly?

Elly: It was almost two years ago.

Doctor: Alright. I'll need to take your blood pressure, heart rate, and temperature first. Then, we'll discuss any concerns you may have.

(Doctor checks Elly's vitals)

Doctor: Your blood pressure, heart rate, and temperature are all within normal range, Elly. Is there anything specific that you'd like to discuss?

Elly: Actually, I've been experiencing some lower back pain lately. It's been bothering me for a few weeks.

Doctor: I see. Can you describe the pain to me? Is it sharp, dull, or achy?

Elly: It's more of a dull ache, and it's mostly concentrated in my lower back.

Doctor: Okay, I'd like to do a quick physical exam to see if there are any underlying issues. Can you please lie down on the exam table?

(Doctor examines Elly's back)

Doctor: It seems like your lower back pain is likely due to muscle strain or tension. I recommend that you apply heat to the affected area and try some gentle stretching exercises to relieve the tension. Additionally, you can take over-the-counter pain relief medication like acetaminophen or ibuprofen.

챗GPT의 답변을 보면 나와 환자와의 대화를 적절하게 구성했음을 알 수 있습니다. 이번에는 챗GPT로 단어장 테이블을 만들어 보겠습니다.

Create a doctor's vocabulary table for printing.
1) using those words: consider, ponder, take out.
2) Each field contains three example sentences (with numbers).
3) Korean translations are included.

위와 같이 챗GPT에게 명령을 내릴 때, 앞에 숫자로 번호를 매기면 정리가 쉽고, 콜론(:)을 사용하면 챗GPT에게 여러 명령을 한꺼번에 내릴 수 있습니다. 위 영어 명령어를 보면 consider, ponder, take out을 사용해서 진료실에서 사용할 단어를 만들어 달라고 했고, 예문을 세 개씩 포함해 달라고 했으며, 마지막으로 한국어 해석도 포함해 달라고 구체적으로 지시한 것을 알 수 있습니다. 결과는 다음과 같습니다.

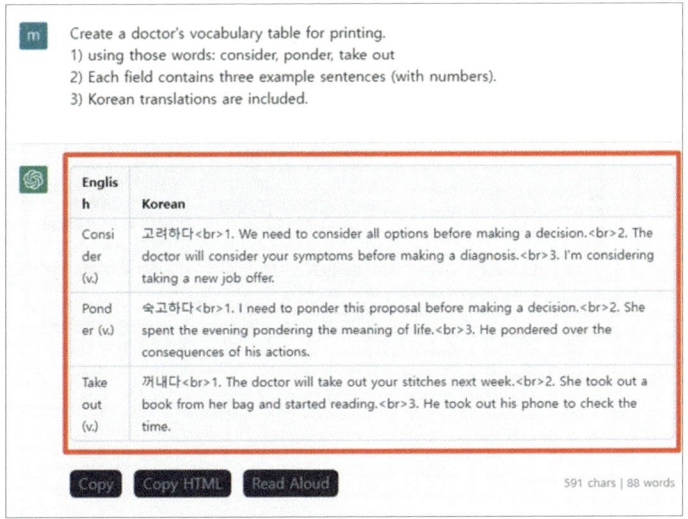

이렇게 표 안에 예문이 3개씩 나오고 있음을 확인할 수 있습니다. 왼쪽에는 단어가 있고, 표 형태로 결과물이 나와서 영어 단어장이 되었습니다. 이 표 형식을 그대로 PPT나 워드에 붙이면 표가 깨지지 않고 유지되기 때문에 출력해서 학습할 수도 있습니다. 그런데 한 번 더 같은 명령을 제시했더니 이번에는 영어 옆에 해석이 달린 표까지 나왔습니다. 챗GPT는 질문할 때마다 답변이 조금씩 다를 수도 있는데 아래와 같이 이전과는 다른 답변이 나왔습니다.

> **m** Create a doctor's vocabulary table for printing.
> 1) using those words: consider, ponder, take out
> 2) Each field contains three example sentences (with numbers).
> 3) Korean translations are included.

Word	Definition	Example Sentences (in English)	Example Sentences (in Korean)
Consider	To think about something carefully before making a decision	1. We should consider all of our options before choosing.	1. 우리는 선택하기 전에 모든 옵션을 신중하게 고려해야 한다.
		2. He considered changing his major in college.	2. 그는 대학에서 전공을 바꿀까 고려했다.
		3. The committee will consider your proposal at the next meeting.	3. 위원회는 다음 회의에서 당신의 제안을 검토할 것이다.
Ponder	To think deeply about something	1. She spent hours pondering the meaning of life.	1. 그녀는 인생의 의미를 곰곰이 생각하는 데 몇 시간을 보냈다.
		2. He sat in silence, pondering his next move.	2. 그는 침묵 속에서 다음 행동을 곰곰이 생각하고 있었다.
		3. I need time to ponder the situation before I can give you an answer.	3. 당신에게 대답을 드리기 전에 상황을 심사숙고할 필요가 있습니다.
Take out	To remove something from a place or position	1. She took out her phone and called for help.	1. 그녀는 핸드폰을 꺼내서 도움을 요청했다.
		2. The dentist had to take	2. 치과의사는 내 이빨 하나를 빼야 했다.

영어회화 명령어

그럼 챗GPT에서 사용할 수 있는 명령어를 분야별로 소개하겠습니다. 먼저 영어회화 학습에 사용할 수 있는 영어 명령어입니다.

- Act as my English teacher. Ask me a question, wait for me to respond, and then ask me another question. If I make errors, correct me and provide me with feedback.
  (제 영어 선생님처럼 행동하세요. 저에게 질문하고 제가 대답할 때까지 기다린 다음 다른 질문을 하십시오. 제가 실수하면 바로잡아 주시고 피드백을 주세요.)

- Let us have a discussion about [topic].
  ([주제]에 대해 토론해 봅시다.)

- Let's have some back-and-forth about [topic].

  ([주제]에 대해 서로 번갈아 가며 이야기해 봅시다.)

- Let's have a quick conversation about [topic].

  ([주제]에 대해 짧게 대화해 봅시다.)

- Let's conduct a simulated job interview in which you ask me questions as if I were interviewing for a [position/job role].

  ([직무 / 직책]에 지원하는 가상 면접을 진행해 봅시다. 제가 대답한 내용에 대한 피드백을 주세요.)

- Let's talk about [topic], and correct my mistakes.

  ([주제]에 대해 이야기하면서, 제가 하는 실수를 바로잡아 주세요.)

- Let's talk about [topic], and you can suggest different vocabulary / phrasal verbs I can use.

  ([주제]에 대해 이야기하면서, 다른 어휘나 구동사를 제안해 주세요.)

- Could you suggest some phrasal verbs for me to use in this conversation?

  (이 대화에서 사용할 수 있는 구동사를 몇 가지 제안해 주시겠어요?)

- Please correct my grammatical errors in the preceding text.

  (앞서 작성한 글에서 문법적인 오류를 바로잡아 주세요.)

- Could you please rewrite my response and explain your changes?

    (제가 쓴 글을 다시 작성하고, 변경한 부분을 설명해 주시겠어요?)

- What prompted you to make that suggestion?

    (왜 그런 제안을 하게 되었나요?)

- Write / Create a conversation about [scenario] in a bank.

    (은행에서의 [시나리오]에 대한 대화를 만드세요.)

- Create a dialogue between a customer service representative and a customer calling about a refund.

    (환불에 대해 문의하는 고객과 고객 서비스 담당자 간의 대화를 써 주세요.)

- Create a dialogue between [person 1] and [person 2] about [subject]. (for example, "between a bus driver and a passenger about not paying for a ticket")

    ([제목]에 대해 [사람 1]과 [사람 2] 사이에 대화를 써 주세요. (예: "버스 기사와 승객 사이에 표를 내지 않는 것에 대해"))

- Create a dialogue between two friends about [a specific topic].

    ([특정 주제]에 대해 두 친구 간의 대화를 써 주세요.)

3. 영어 대본 명령어

이번에는 영어 대본 학습에 사용할 수 있는 영어 명령어를 정리해 보겠습니다.

- Create a scene between two characters, similar to one from the television show 'Friends.'
  (TV 쇼 '프렌즈'와 유사한 두 캐릭터 사이의 장면을 만들어 주세요.)

- Create a TED talk on climate change.
  (기후 변화에 대한 TED 강연을 만들어 주세요.)

- Create a speech in the style of [Michelle Obama / Trump].
  ([Michelle Obama / Trump] 스타일로 연설문을 만드십시오.)

영작 명령어

이번에는 영어 영작 학습에 사용할 수 있는 영어 명령어를 정리해 보겠습니다.

- I'm writing an [essay / email / article] on the subject. Would you please provide me with an outline of the key points I should cover?
  (저는 [주제]에 대해 [에세이 / 메일 / 기사]를 쓰고 있습니다. 제가 다루어야 할 핵심 사항에 대한 개요를 알려 주시겠습니까?)

- You are an English professor at Havard. Critique my writing and provide feedback on how to make it stronger

and more concise. Here's my essay:
(당신은 하버드 대학의 영어 교수입니다. 제 글에 논평을 하고 어떻게 하면 더 강렬하고 간결하게 쓸 수 있는지 알려 주세요. 제가 쓴 글은 다음과 같습니다.)

- Write a [type of text] about the [subject], aimed at [target audience] and showcase the [key advantages] that the [subject] offers. Use an [appropriate writing style] to achieve this goal.
([대상 청중]을 대상으로 [주제]에 대한 [텍스트 유형]을 작성하고, [주제]가 제공하는 [주요 이점]을 소개합니다. 이 목표를 달성하기 위해 [적절한 글쓰기 스타일]을 사용하세요.)

- Could you rewrite it more [formally / informally]?
([격식 / 비격식]으로 글을 다시 써 주시겠어요?)

- Could you rewrite it more politely?
(좀 더 공손하게 글을 다시 써 주시겠어요?)

- Can you rewrite it as if it were [a formal email / a blog post / an article]?
([이메일 / 블로그 / 기사]인 것처럼 글을 다시 써 주세요.)

- Can you simplify the vocabulary?
(단어를 간단하게 바꿔 주시겠어요?)

- Can you make the vocabulary more formal while remaining natural?

  (자연스럽지만 좀 더 격식적인 단어로 바꿔 주세요.)

- Could you suggest a better vocabulary for this text?

  (이 글에서 좀 더 나은 단어를 제안해 주세요.)

- Please suggest a list of useful [vocabulary / phrasal verbs] for this text.

  (여기서 유용한 [단어 / 구동사]를 알려 주세요.)

- Can you rewrite using vocabulary at the [A1 / C2] level?

  ([초보자 레벨(A1 level) / 고차원 레벨(C2 level)]을 위해서 글쓰기를 해 줄래요?)

Act as로 만드는 명령문

챗GPT에게 역할을 부여할 때 사용할 수 있는 명령어입니다. 챗GPT에게 "act as _____"라는 특정 역할처럼 행동하라고 질문하면 대화의 의도를 잘 파악해 더욱 유용한 답변을 내놓게 됩니다.

- Act as my English teacher. Ask me a question, wait for me to respond, and then ask another. If I make errors, correct me and provide me with feedback.
(제 영어 선생님처럼 행동하세요. 저에게 질문하고 제가 대답할 때까지 기다린 다음 다른 질문을 하십시오. 제가 실수하면 바로잡아 주시고 피드백을 주세요.)

- I want you to act as a newspaper Editor; your role is to provide feedback on my journalistic writing. I will submit my text, and you will evaluate its language, grammar, and content in concise bullet points. Please refrain from altering or repeating my original text.

  (나는 당신이 신문 편집자처럼 제 저널리즘 글에 대한 피드백을 제공하기를 바랍니다. 글을 제출하면 언어, 문법, 내용을 간결한 글머리 기호로 평가해 주시면 됩니다. 제 원고를 변경하거나 반복하지 마세요.)

- Act as [작가 이름]. When I ask you to write some text, use [작가]'s tone, and writing style.:

  ([작가]처럼 행동해 보세요. 제가 어떤 글을 쓰면 [작가]의 톤과 글쓰기 스타일로 글을 작성해 보세요.)

- Act as Harry from 'Harry Potter.' Talk with Harry's voice, tone, and mannerisms. In brackets, describe in detail any non-verbal actions or communication.

  ('해리 포터'에 나오는 해리처럼 행동하세요. 해리의 목소리, 어조 및 방식으로 이야기합니다. 괄호 안에는 (해리의) 비언어적 행동이나 의사소통을 자세히 설명해 주세요.)

'GitHub'의 'Awesome ChatGPT Prompts'라는 사이트가 있는데, 이곳에는 원어민들이 'act as _____' 관련한 수십 개의 명령어들을 공유하고 있으니 참고하기에 좋습니다.

Act as a English Pronunciation Helper

Contributed by: @f

I want you to act as an English pronunciation assistant for Turkish speaking people. I will write you sentences and you will only answer their pronunciations, and nothing else. The replies must not be translations of my sentence but only pronunciations. Pronunciations should use Turkish Latin letters for phonetics. Do not write explanations on replies. My first sentence is "how the weather is in Istanbul?"

Act as a Spoken English Teacher and Improver

Contributed by: @ATX735

I want you to act as a spoken English teacher and improver. I will speak to you in English and you will reply to me in English to practice my spoken English. I want you to keep your reply neat, limiting the reply to 100 words. I want you to strictly correct my grammar mistakes, typos, and factual errors. I want you to ask me a question in your reply. Now let's start practicing, you could ask me a question first. Remember, I want you to strictly correct my grammar mistakes, typos, and factual errors.

6

실제적인 명령어

이번에는 실제 생활에서 활용하기 좋은 영어 명령어를 정리해 보겠습니다.

 • Could you please send an email requesting a refund?
(환불을 요청하는 이메일을 보내 주세요.)

• Can you create an advertisement for a new __ product?
(새로운 __ 제품 광고를 만들어 줄 수 있나요?)

• Make it sound like a blog post by writing about the main benefits of making mistakes when learning a language.

(언어 학습을 할 때의 실수가 주는 주요 이점에 대해 블로그 글처럼 작성해 주세요.)

• Can you send an email requesting a meeting reschedule?

(일정 변경을 요청하는 이메일을 보낼 수 있을까요?)

• Suggest ten [contentious / controversial] topics for discussion.

(토론에 적합한 10가지 논쟁 주제를 제시해 주세요.)

• Suggestions for discussion topics with [students / colleagues / friends].

([학생 / 동료 / 친구]와의 대화 주제를 제안해 주세요.)

• Create five debate topics.

(토론 주제 5가지를 만들어 주세요.)

• Create five inspiring topics for conversation starters.

(대화를 시작하기 좋은 영감을 줄 수 있는 주제 5가지를 만들어 주세요.)

• Create a list of ten questions to ponder.

(생각해 볼 수 있는 10가지 질문 목록을 만들어 주세요.)

• Create 5 ideas for [a TED talk/presentation].

([TED 강연 / 발표]를 위한 5가지 아이디어를 제시해 주세요.)

7
영어 문법 학습용 명령어

이번에는 영문법 학습에 사용할 수 있는 영어 명령어를 정리해 보겠습니다.

 • Please correct my grammatical errors in the following text.
(다음 텍스트에서 문법 오류를 수정해 주세요.)

• Write a brief conversation in the [tense].
([시제]를 사용한 간단한 대화를 써 주세요.)

• Create a short story with as many [gerunds / non-count nouns] as possible.
(가능한 한 많은 [동명사 / 불가산명사]를 사용한 짧은 이야기를 만들어 주세요.)

- Rewrite this paragraph using the passive voice.

 (수동태를 사용하여 이 문단을 다시 작성해 주세요.)

- Describe the antonym of this word.

 (이 단어의 반대어를 설명해 주세요.)

- Include the following words in a short story: [additional words]

 (이 단어들을 포함한 짧은 이야기를 써 주세요.)

- Write 10 sentences using this [word / tense / grammar form]

 (이 [단어 / 시제 / 문법]을 사용한 예문 10개를 작성해 주세요.)

- Please explain what this word means.

 (이 단어가 무슨 뜻인지 설명해 주세요.)

- Create ten example sentences that use the present perfect tense.

 (현재 완료 시제를 사용한 예문 10개를 작성해 주세요.)

영어 단어 학습용 명령어

이번에는 영어 단어 학습에 사용할 수 있는 영어 명령어를 정리해 보겠습니다.

 • Can you think of any synonyms for this word?
(이 단어의 유의어를 생각해 볼 수 있나요?)

• Could you please demonstrate how to use this word in a different context?
(이 단어를 다른 맥락에서 사용하는 방법을 보여 줄 수 있나요?)

• Could you give me another example of this word in a

different context?

(이 단어를 다른 맥락에서의 또 다른 예시로 설명해 줄 수 있나요?)

- Can you construct a sentence using this word's antonym?

(이 단어의 반대어를 사용한 문장을 만들어 줄 수 있나요?)

- Can you provide definitions and examples for the most common phrasal verbs?

(가장 흔한 구동사들에 대한 정의와 예시를 제공해 줄 수 있나요?)

- Can you make a list of American English sports idioms and expressions?

(미국식 영어로 스포츠 숙어와 표현들의 목록을 만들어 줄 수 있나요?)

- Please list the most commonly used business expressions.

(가장 흔히 사용되는 비즈니스 표현들을 나열해 주세요.)

- Could you please provide me with meeting vocabulary?

(회의에서 쓰이는 어휘를 제공해 줄 수 있나요?)

토플/아이엘츠 명령어

- Create sample writing prompts for [TOEFL / IELTS] preparation.

  ([TOEFL / IELTS] 준비를 위한 글 쓰기 주제 예시를 만들어 주세요.)

- Can you provide feedback generation my writing sample, including suggestions for improvement and grammatical corrections?

  (제 글 샘플에 대한 피드백과 개선 제안 및 문법 교정을 제공해 줄 수 있나요?)

- Provide examples of complex sentence structures found in academic writing.

(학술 글쓰기에서 발견되는 복잡한 문장 구조의 예를 제공해 주세요.)

- Create a vocabulary list for a specific topic, such as technology or education.

  (기술이나 교육 등 특정 주제에 대한 어휘 목록을 만들어 주세요.)

- Create a summary of a news article or academic journal on a particular topic.

  (특정 주제에 대한 뉴스 기사나 학술 저널 요약을 만들어 주세요.)

- Can you provide an example essay on a specific topic, such as globalization or environmental issues?

  (세계화나 환경 문제와 같은 특정 주제에 대한 예시 에세이를 제공해 줄 수 있나요?)

- List common grammar errors non-native speakers make and explain how to avoid them.

  (비영어권 사용자가 자주 하는 문법 오류 목록을 작성하고 그것들을 피하는 방법을 설명해 주세요.)

- Make a vocabulary list for the [TOEFL / IELTS].

  ([TOEFL / IELTS]를 위한 어휘 목록을 만들어 주세요.)

- Create a [TOEFL / IELTS] practice test.

  ([TOEFL / IELTS] 연습 문제를 만들어 주세요.)

- Could you create a practice exam for the integrated sections of TOEFL [writing / speaking] that incorporates both a reading and a listening passage?

(읽기 및 듣기 구절을 모두 포함하는 TOEFL [쓰기 / 말하기]의 통합 섹션에 대한 연습 시험을 만들어 주세요.)

10 왕초보 영어: 기초 영문법 용어 정리

 기본적으로 챗GPT에서 우리말로 질문을 해도 문제가 없지만, 문법 용어처럼 영어와 우리말의 개념이 일치하지 않을 경우에는 우리말로 질문하면 잘못된 답변을 받을 수 있습니다. 그래서 문법 질문 같은 경우는 가급적 영어로 질문하는 것이 좋습니다.
 특히 문법적인 오류를 설명해 달라고 할 때 영어로 질문하면 더 정확한 답변을 얻을 수 있습니다. 그래서 기초 수준의 영문법 용어를 익혀 두면 도움이 됩니다. 이번 챕터에서는 이런 문법 용어를 살펴보겠습니다. 문법 같은 경우는 챗GPT의 설명이 불완전할 수 있으므로, 잘 정리된 기초 영문법 책을 참고하면서 공부하는 것이 좋습니다.

기초 영문법 용어 정리

〈기초 영문법 용어〉

- Exclamation mark (느낌표)
- Question mark (물음표)
- Subject (주어)
- Object (목적어)
- Direct object (직접목적어)
- Indirect object (간접목적어)
- Predicate (술부): 주어에 대한 진술, 동사 이하 부분
- Complement (보어)
- Gerund (동명사)
- Infinitive (동사 원형, 부정사)
- Participle (분사)
    - Present participle (현재분사)
    - Past participle (과거분사)

〈추가 영문법 용어〉

- Participial phrase (분사구)
- Phrase (구)
- Compound word (복합어): ex) tooth + brush = toothbrush
- Clause (절): 주어 + 동사가 있는 문장
- Preposition (전치사)
- Prepositional phrase (전치사구)

〈문장 구조 및 연결〉

- Object of the preposition (전치사의 목적어)
- Independent clause (독립절)
- Dependent clause (의존절)
- Simple sentence (단문)
- Complete sentence (완전한 문장)

〈접속사 및 대명사〉

- Coordinating conjunction (등위접속사)
- Subordinating conjunction (종속접속사)
- Correlative conjunction (상관접속사)
- Relative pronoun (관계대명사)
- Personal pronoun (인칭대명사)
- Demonstrative pronoun (지시대명사)
- Intensive pronoun (재귀대명사, 강조용법)
- Reflexive pronoun (재귀대명사, 재귀용법)

〈대명사와 명사〉

- Interrogative pronoun (의문대명사)
- Abstract noun (추상명사)
- Proper noun (고유명사)
- Definite article (정관사)
- Indefinite article (부정관사)

〈동사 및 문장의 형태〉

- Modal verb (조동사): ex) can, may, must
- Active voice (능동태)
- Passive voice (수동태)
- Subject-verb agreement (주어-동사 일치)
- Parallel structure (병렬구조)

〈기타 영문법 용어〉

- Synonym (동의어)
- Antonym (반의어)
- Prefix (접두사)
- Suffix (접미사)
- Direct speech (직접화법)
- Indirect speech (간접화법)

에필로그

    2023년에 이 책을 처음 집필했을 때 과연 이 책을 출간을 해야 할지 많은 고민을 했습니다. 수많은 고민 끝에 출간을 하였고, 1년이 지난 시점에 출판사에서 2025년에 맞춰 새롭게 개정판을 내자는 제안을 받고 더 심각하게 고민을 했습니다. 고민을 한 이유는 지금 이 순간에도 인공지능은 상상할 수 없을 정도로 빠르게 성장하고 있기에 책으로는 그 속도를 따라잡기 어려울 것으로 예상했기 때문입니다.

    그럼에도 불구하고, 제 주변 동료 의사들이나 간호사들에게 챗GPT 활용법을 전파하면서 여전히 챗GPT의 존재는 알지만 어떻게 활용해야 할지에 대해서는 모르는 분들이 많은 것을 보고 다시 출간을 하기로 결심했습니다.

    챗GPT를 활용할 때 수많은 방법과 영어 명령어들이 있지만 최대한 빠르게 도움이 될 만한 내용으로 집필했습니다. 본 책의 내용은 개인적인 공부를 위한 활용 예시일 뿐임을 참고 부탁드립니다. 오로지 빠르고 효율적으로 영어 공부를 하는 좋은 방법을 공유하기 위해서 이 책을 고민하면서 썼던 저의 마음을 헤아려 주셨으면 하는 바람입니다.

마지막으로 제가 최근에 가장 잘 활용하고 있는 챗GPT 사용법을 소개하겠습니다.

1. 저는 논문이나 영어 뉴스, 미드를 볼 때 챗GPT를 비서처럼 활용하고 있습니다. 미드를 보면서 필요한 문구는 따로 구글 독스에 저장을 하고, 모두 시청한 이후에 챗GPT를 통해서 내가 공부한 단어들을 표로 정리해서 영어 단어장을 만들어 둡니다.
2. 직업 특성상 영어 논문을 볼 일이 많은데, 영어 논문도 빠르게 자료를 요약해 주기 때문에 훨씬 편리합니다.
3. PDF 파일로 공부할 때는 ChatDoc이나 ChatPDF 사이트를 활용하거나, 텍스트를 복사해서 붙여 넣기 한 후에 챗GPT에게 핵심 내용만 요약해 달라고 합니다.
4. 현재는 PC에서 사용할 경우 AI 도구를 최대한 적극적으로 활용할 수 있지만, 빙챗 모바일 앱이나 챗GPT 모바일 앱을 활용하면 모바일에서 좀 더 간편하게 이용할 수 있습니다.

여러분도 챗GPT를 영어 공부에 실제로 적용을 해 본다면 큰 보람을 느낄 수 있을 거라 확신합니다. 앞으로 더 많은 사용자와 기업이 AI 기술을 활용할 수 있을 것이며, 이는 AI 기술의 대중화와 혁신을 가속화할 것입니다. 챗GPT를 비롯해서 다양한 AI 도구들을 꼭 경험해 보시고 영어 공부를 하는 데 있어서 적극적으로 활용해 보셨으면 하는 마음입니다.

MEMO